가슴 뛰는 교리교육 현장 보고서

가슴 뛰는 교리교육 현장 보고서

김병두, 김병재, 김일호, 김진곤, 류성민, 문지환,
변현석, 서성욱, 서자선, 신재원, 윤춘이, 원도연,
전병모, 정동건, 조성용, 조약돌, 황희상 외

정설 엮음

지평서원

| 목차

추천의 글 / 7

프롤로그 / 15

Part1 두근두근, 나도 교리교육 하고 싶다! _정설

01. 예배실 문 앞에 서기 / 21

02. 교회 밖 삶터에서 이루어지는 교육 / 37

Part2 가슴 뛰는 교리교육 현장 보고서 _공동저자

01. 유초등부

 1. 유치부, 눈높이를 맞추세요! _김병두 / 53

 2. 교리문답송, 저희 노래 들어 보실래요? _류성민 / 67

 3. 나의 소년부 교리교육 일지 _김진곤 / 79

02. 중등부

1. 교리 토론 연합 수련회를 기획하다 _서성욱 / 105
2. 교리반을 모집합니다! _문지환 / 121
3. '교리 신비주의'를 넘어서 _김일호 / 129

03. 고등부

1. 첫째 아이가 회심을 고백한 날 _윤춘이 / 143
2. 호랑이 선생님의 교리 수업 이야기 _김병재 / 153
3. 선생님, 저희 좀 도와주세요! _신재원 / 165
4. 교리문답, 그 '낯섦'과 '날 섬' 사이에서 _정동건 / 173
5. 신앙의 뿌리, 요리조리 맛보기 _조약돌 / 189

04. 청년·장년부, 해외 이야기

1. 교리, 내 삶의 기준을 바꾸어 놓다 _원도연 / 211
2. '뭐 좀 특별하고 재미있는 프로그램 없나?' _조성용 / 223
3. 장년부 여성들의 교리 공부 도전기 _서자선 / 237
4. 초교파 구성원들과 교리 공부를 시작하다 _전병모 / 251
5. 선교지 중국, 교리교육이 필요합니다 _변현석 / 269

워크북 : 내 것으로 삼기 / 274

Part3 덧붙이는 이야기 _정설, 황희상

01. 더 나은 교리교육을 위한 교사회의 워크북 _정설 / 279
02. 교리교육에 대해 자주 하는 질문과 답변 _황희상 / 291

추천의 글

성경은 하나님의 말씀을 엄숙하게, 계속 반복해서 '가르치라'고 명령한다. 그러나 성경은 가르치는 방법에 대해서는 별로 말하지 않는다. 그것은 방법론이 가르치는 자에게 맡겨진 지혜의 영역이기 때문이다. 이 책은 많은 지혜와 경험을 들려준다. 여기서는 연령별 교회학교에 맞는 교수방법론과 실제 경험들, 그리고 영적 유익들에 대한 보고를 들을 수 있다. 뿐만 아니라 교리만 교육하면 신앙이 성숙할 것이라는 그릇된 기대감이 가슴 아픈 실패나 오히려 지식의 자랑이라는 엉뚱한 결과를 낳을 수 있다는 사실에 대해 주의를 환기시켜 주기도 한다. 특히 엮은이의 여는글은 이 모든 것들을 잘 어울러 이 책을 더욱 빛나게 한다. 여기에는 현장의 경험이 반영된 교리교육의 골격이 정말 훌륭히 제시되어 있다. 이제 어느 누구도 방법론이 부족하다고 말하지 못할 것이다.

『가슴 떠는 교리교육 현장 보고서』에 담긴 여러 보고서들이 전하는 메시지는 결국 하나이다. 교리를 가르치는 일이 곧 성경을 가르치는 일이며, '말씀과 함께' 일하시는 성령님께서 주시는 영적 유익을 경험하는 길이라는 것이다. 교리교육을 하면 변화를 경험하게 될 것이다. 교리 지식만으로는 교만케 되기 쉬우나 교리로써 역사하시는 성령님께서 사람을 바꾸시기 때문이다. 『가슴 뛰는 교리교육 현장 보고서』는 성령 하나님께서 예수 그리스도의 교회를 어떻게 사랑하시는지를 보여 준다. 이를 통해 유초등부이건 장년이건, 교인들이 신앙에 관한 질문을 붙드는 것을 보게 될 것이다. 말 그대로 여러분의 가슴이 뛸 것이며, 감동의 기쁨으로 가슴이 벅찰 것이고, 어쩌면 감사의 눈물로 가슴이 채워질 것이다. 읽고, 감사하고, 자극받고, 배우고, 자신감을 가지고 교리교육을 실행하기를 간절히 바란다.

_김병훈 목사(합동신학대학원대학교 조직신학 교수, 나그네교회 담임)

교회에 30년을 다녀도 기독교가 믿는 믿음의 내용이 무엇인지를 간단하게 나마 정확히 말할 수 있는 사람이 적다. 우리가 같은 하나님을 믿기는 하는 것인지 의심하게 만들 만큼, 소위 기독교인들의 믿음의 내용과 고백이 제 각각이다. 교회와 교단을 초월하여 돈과 성공을 추구하는 번영신학이 누룩처럼 복음 안에 퍼져 교회를 허물고 있다. 온갖 이단들이 양 떼들 가운데 들어와 헤쳐 놓는데도 '이단출입금지' 같은 포스터를 붙이는 것 외에 속수무책인 듯 보인다. 이것들은 지난 수십 년간 우리 한국 교회가 교회 성장이라는 망령에 사로잡혀 교리교육을 무시해 온 결과이다. 그러하기에 나는 이 책의 출간을 기뻐하며 추천한다.
이 책은 '온전한 성경적 교리의 회복이 교회가 가야 할 방향이다'라는 것을 전제한다. 여기에는 유치부에서 장년부에 이르기까지, 다양한 대상에게 성경적 교리를 가르쳐 본 이들의 성공과 실패의 이야기들이 담겨 있다. 오늘날 교회에서 교리교육이 어렵고 불가능하다고 생각하는 사람, 그 필요성은 느끼지만 주저하는 사람, 그리고 이미 교리교육의 현장에서 고군분투하는 사람 모두에게 이 책은 흥미롭고도 유익한 도전이 될 것이다. 이 책의 기고자들은 직분이나 직업, 지역과 교단이 다양하지만, 모두가 같은 신앙을 고백하며 같은 교리를 가르친다. 바로 이것이 내가 보고 싶어하는 교회이다. 직업, 교회, 교단, 지역, 시대를 초월하여 "우리가 다 하나님의 아들을 믿는 것과 아는 일에 하나가 되어"(엡 4:13)라고 고백할 수 있는 교회 말이다. 이런 교회는 교회 성장이 아니라 교리교육이라는 지난한 길을 걷는 사람들의 수고를 통해 이루어질 것이다. 이 책을 읽고 우리 모두가 또 하나의 교리교육 현장을 만들어 내는 자로 설 수 있기를 바란다!

_김형익 목사(『우리가 하나님을 오해했다』 저자, 전 죠이선교교회 담임)

한국 교회는 선교 초기 복음주의 선교사들의 섬김으로 많은 건강한 유산을 이어받았다. 그중 하나가 기독교 교리를 꾸준하게 성도들에게 가르치는 일이다. 입교와 세례를 위하여 교회는 몇 주간의 교리교육을 통해 신앙을 점검하였다. 그리고 성경 전체의 가르침을 균형 있게 전하기 위해 수요예배를 각색하여 교리교육 시간으로 삼기도 했다. 특히 다음 세대를 위한 교회학교에서 교리는 교육을 위한 가장 적극적인 방편 중 하나였다. 그러나 지난 20년 동안 교회의 모든 지표가 하락함과 동시에 교회에서 교리를 전하고 가르치는 일이 점차 악화되고 있다. 이제 무관심을 넘어 교리에 대한 반감(권위에 대한 반감과 함께)이 은연중에 퍼져 가고 있다. 자연히 이제 수많은 교회교육 방법론 안에 교리에 대한 영역은 찾아볼 수 없게 되었다.

이러한 때에 이 책은 매우 반갑고 의미 있는 책이다. 특히 황희상 선생은 우리가 교리교육에 대하여 "WHY"와 "WHAT"만 반복하여 말하는 이유는 사실 "HOW"에 대한 이해가 없기 때문일 것이라 짚어낸다. 상당히 타당성 있는 지적이다. 그래서 이 책에 담긴 교리교육에 대한 다양한 실례들은 단순한 방법론을 넘어 가치와 철학을 담은 현장의 보고서이다. 게다가 각 연령에 따른 실례들은 당장 독자들의 현장에 적용할 수 있을 만큼 유익하다.

가르침은 넘쳐 나지만 여전히 진리에 대한 목마름이 가득한 시대 속에서 교리교육의 부흥이 일어나기를 기대한다. 이 책이 그 부흥에 친절한 동반자 노릇을 해 줄 것이다. 이 책을 통해 평신도 독자들은 교리교육의 필요성을, 목회자 독자들은 교리교육의 방법론을 발견하는 유익이 있기를 기대한다.

_송태근 목사(삼일교회 담임)

교리교육에 반대하는 사람들은 교육적 효과가 적고 오히려 역효과를 내게 될 것이라는 논리를 펼친다. 교육은 아이의 내적 동기가 있을 때 가장 좋은 효과를 낸다고 믿는다. 그것은 사실이다. 질문이 생기고 알고 싶은 동기가 있을 때 효과적인 교육이 이루어지는 것은 맞다. 그러나 진리는 다르다. 진리는 너무나 당연하기 때문에 질문이 생기지 않아도 가르쳐야 한다. 자녀가 "엄마, 정말 내 엄마 맞아?"라고 질문할 때, "그래, 네가 질문하기를 기다렸단다. 내가 바로 너의 엄마야!"라고 말하는 부모는 없다. 아기가 이해하기 전부터, "엄~마, 해 봐! 엄~마"라고 수없이 반복하며 가르친다. 교리교육은 그런 것이다. '하나님이 과연 존재할까'라는 질문이 생길 때는 이미 늦은 경우가 많다. 교리문답은 아이들에게 질문이 생기기 전에 미리 답을 가르치는 특징을 띤다. 이것은 아이를 망치는 것이 아니라 아이를 살린다.

세상에는 온갖 비진리들이 가득하다. 어여쁜 우리 아이들은 본질상 진노의 자녀로서, 스스로 진리를 찾을 능력이 없다. 그러므로 그들에게 길과 진리요 생명이신 예수 그리스도를 일찍부터 가르쳐야 한다. 사탄이 먼저 그들을 세뇌하기 전에 하나님의 말씀을 가르쳐야 한다. 그것이 '교리교육'이다. 오늘날 흥미 있고 재미있는 것만을 찾아가려는 경향이 만연한 탓에, 자칫 교리교육이 딱딱해 보인다고 회피하기 쉽다. 그러나 한국 교회가 그런 잘못된 신화에서 벗어나지 않는다면 다음 세대에는 미래가 없다.

이번에 교리교육을 어떻게 하면 좋을지 고민하는 이들에게 유익한 책이 나오게 되어 기쁘다. 교리교육에 대한 구체적인 실례들을 모아 엮은 이 책이 참으로 귀한 도움이 되리라 확신하며 기쁨으로 추천한다.

_임경근 목사(『교리와 함께하는 365 가정예배』 저자)

그릇된 교리는 공인되고 익숙해진 오류이지만, 올바른 교리는 성경의 진리를 세우고 이단의 오류를 격퇴해 온 성경 해석학의 결정체이다. 그러나 아쉽게도 이토록 중요한 교리는 교회의 시스템과 교사의 준비와 성도의 기호가 협조하지 않아 그저 탐스러운 그림의 떡으로만 여겨지고 있다. 이를 의식한 황희상은 『특강 소요리문답』(흑곰북스)과 『지금 시작하는 교리교육』(지평서원)을 집필하여 이미 교리교육 분야에 돌풍을 일으켰고, 이를 통해 많은 교회에서 교리교육의 필요성을 폭넓게 인식하게 되었다. 이러한 흐름의 연장으로, 실제로 교회에서 교리를 가르치는 목회자들과 교사들의 현장 보고서를 엮어 본 서 『가슴 뛰는 교리교육 현장 보고서』가 출간되었다. 이 보고서는 좋고 괜찮은 내용만 골라서 가공하고 재구성한 편집물이 아니다. 이것은 실패와 성공의 실상을 미화하지 않고, 실제로 이루어진 교육을 있는 그대로 보고한다. 본 서에는 신선하고 재미있으며 대견하고 훌륭하며 기발하고 깜찍한 이야기가 가득하다. 교육자의 성향과 학생들의 반응과 공동체의 분위기와 필요성 인식의 정도에 따라 보고서의 색상이 다채롭다. 마치 교리교육 박람회에 온 듯한 유쾌함과 설렘과 풍성함과 기대에 휩싸이게 된다. 무엇보다 교리교육 시도를 망설이는 분들에게 과감한 실행의 물꼬를 열어 줄 것으로 기대한다.

_한병수 교수(아세아연합신학대학교 조직신학)

내가 신학교 시절을 돌아볼 때 가장 아쉬운 점 중 하나는 조직신학에 대한 부분이다. 시대를 초월하여 모든 세대가 그처럼 복되게 여겨 소중히 보전하여 우리 세대에게로 전해 준 이 복되고 영광스러운 복음의 진리와 성경의 교리들을, 왜 그처럼 딱딱하고 생명력 없이, 아무런 감동도 없이 배웠어야 했을까 하는 것이다. 세월이 흐르고, 성경 본문을 가지고 씨름하며 연구해 보니 성경으로부터 나온 교리와 복음의 진리는 그야말로 불붙는 논리이며, 사람의 가슴을 따뜻하게 만들어 주고, 세상과 만물의 본질을 꿰뚫어 보는 눈을 열어 주는 지혜의 보고임을 알게 된다. 오늘날 조국 교회가 직면한 문제들 가운데 많은 부분도, 잘 정리된 진리, 그래서 삶의 구체적인 현장에 적용할 수 있고 필요할 때 꺼내 제대로 사용할 수 있는 체계화된 진리에 대한 지식과 확신이 부족한 데서 비롯된다고 말할 수 있을 것이다. 그런 점에서 교리교육의 중요성을 재고해야 하는 이 시기에 지평서원에서 『가슴 뛰는 교리교육 현장 보고서』라는 이름의 시의 적절한 책이 나오게 되었다. 이 책이 조국 교회 성도들에게 진리를 아는 지식을 열어 주고, 그래서 가슴이 뛰게 만들어 주의 나라를 위한 거룩한 열심을 불러일으키는 귀한 도구가 되기를 바라고 기대하는 마음으로 적극 추천하는 바이다.

_화종부 목사(남서울교회 담임)

청교도들은 모든 헛된 가르침에 대한 해독제는 성경적인 신앙에 터를 잡고, 뿌리를 내리는 것이라고 말했다. 그러하기에 한국에서 교리교육을 독려하는 『가슴 뛰는 교리교육 현장 보고서』가 출판되는 것은 매우 기쁜 일이다. 일찍 심긴 씨앗이 가장 크게 자라듯이, 어린 심령에 심긴 진리는 대부분 더욱 많은 열매를 맺기 마련이다. 특별히 한국의 많은 어린 영혼들이 어려서부터 하나님의 감동으로 기록된 성경에 대한 올바른 지식으로 훈련되어, '그리스도 예수 안에서 구원에 이르는 모든 지혜를' 가지게 되고 '모든 선한 일을 행할 능력을 갖추게' 하는 데에 이 책이 사용되기를 간절히 바란다(딤후 3:15-17 참고).

_조엘 비키(퓨리턴리폼드신학교 총장)

"『지금 시작하는 교리교육』(황희상 저, 지평서원)을 쓰면서 가졌던 문제의식은, 왜 우리는 너무나 당연한 이야기로 계속 쳇바퀴를 돌고 있느냐 하는 것이었습니다. 왜(WHY) 교리교육을 해야 하는가? 무엇(WHAT)으로 가르쳐야 하는가? 이것은 진작 답이 나온 것인데도 자꾸만 거기에 힘과 시간을 소비하는 것입니다. 저는 그 이유를 '어떻게(HOW)'에서 찾아보았습니다. HOW가 불분명하고 내키지 않고 자신이 없으니까 자꾸만 WHAT과 WHY를 핑계 삼아 되짚어 보는 게 아닐까 하고요. 그래서 이 책은 HOW에 무게중심을 두었습니다. 3분의 2를 HOW를 설명하는 데 할애했고, 어떤 부분은 꽤 깊이 들어갔습니다. 그리고 WHY와 WHAT에 대해서는 행여 식상한 반복이 되지 않도록, 나름대로 새로운 방식으로 접근하고자 시도했습니다."

_2013년 11월 30일, 『지금 시작하는 교리교육』 북콘서트에서
저자 황희상이 말한 집필 의도 중에서

프롤로그

_정설 (본 서 엮은이이자 '흑곰북스' 대표)

지금 여러분이 펼친 이 책, 『가슴 뛰는 교리교육 현장 보고서』는 『지금 시작하는 교리교육』의 후속작입니다. 전작에서는 Why(왜), How(어떻게), What(무엇을)이라는 순서로 교리교육에 관한 전반적인 지침을 제시하였습니다. 그리고 이번 책은 How의 확장판으로, 구체적인 '사례'(Who, When, Where)를 집중적으로 소개합니다. 실제로 개신교의 역사적인 정통 신앙고백과 교리문답으로 교리교육을 인도하는 교사나 인도자들을 위해 피가 되고 살이 되는 생생한 현장의 이야기와 지침들을 담으려고 노력했습니다.

"왜 다양한 사례가 필요할까요?"

세상에는 직관이 강한 사람도 있는 한편 경험에 의존하는 사람도 있습니다. 직관적인 사람들은 원리만 터득하면 기존 행동을 교정하는 것이 비교적 쉽습니다. 반면 경험적인 사람들은 자신이 직접 겪은 일이나 주변 사람들의 모범과 설득 등의 간접적인 경험을 통해 비로소 힘을 얻고 변화를 시도합니다. 그런데 세상에는 이렇게 경험을 중시하는 사람이 생각보다 많고, 특히 한국에는 더 많다고 합니다. 그들을 돕기 위해서는 다양한 실제 사례가 필요합니다.

'다 좋다. 나도 하고 싶다. 하지만 그것은 그 책의 저자라서 가능했던 것이 아닐까? 내가 해도 그렇게 될까? 과연 나도 할 수 있을까?'

『지금 시작하는 교리교육』을 읽고 나서, 교리교육을 하고 싶어도 자꾸만 주저하게 되더라는 사람들이 있습니다. 요즘 시대에 교리교육을 시작한다는 것은 마치 '없던 것을 새로 만들어 내는 것'과도 같습니다. 워낙 그런 문화가 없다 보니, 자기가 처한 환경에서 주변 사람들과 함께 교리 공부를 시작한다는 것은 웬만한 용기로는 엄두가 나지 않는 것입니다. 이런 사람에게는 격려와 위로, 용기를 전해 줄 만한 이야기가 필요합니다. 그래서 이 책을 준비했습니다. 전국 각지에서, 그리고 바다 건너 이국 땅에서 교리교육을 위해 씨름하고 있는 이들이 들려주는 '가슴 뛰는 교리교육 현장 보고서'를 통해 용기와 확신을 얻으시기를 바랍니다.

"어떤 사람들이 썼나요?"

이 책에서 자신의 경험과 소감을 나누는 필진 중에는 오랫동안 교리교육을 해 오던 사람도 있지만, 대부분 최근에 와서야 교리를 공부하고 가르치는 일에 도전한 이들입니다. 한국 개신교의 역사를 볼 때, 교회교육에서 '교리'라는 것이 다뤄지지 않은 지가 너무나 오래된 탓에 아무래도 당연한 현상일 것입니다. 그렇다 보니 성공담뿐 아니라 실패담도 생생하게 담겨 있습니다. 새로운 일을 시작할 때, 누군가가 성공한 사례보다는 뼈아픈 실패 사례가 훨씬 큰 도움이 되곤 합니다. 『가슴 뛰는 교리교육 현장 보고서』를 열어, 교사들이 먼저 경험한 좌충우돌 이야기, 그러나 사랑과 열정이 가득한 그 현장을 확인하십시오. 그리하여 미리 배워야 할 것이 무엇인지, 또는 내가 지금 겪는 어려움의 원인이 무엇인지를 찾아가시기를 바랍니다. 이 책을 통해 여러분의 갈증이 시원하게 해소되기를 기도합니다.

본문 구성에 대한 이해

디딤돌 : 기고자들이 시도해 본 효과적인 교육 방안이나 실제 사례 등을 담았습니다.

더 나누고픈 이야기 : 지면의 한계상 기고글로 담지 못한 이야기, 그러나 꼭 전하고픈 효과적인 학습 사례, 실패담 및 성공담 등을 짧은 글로 실어 보았습니다.

더 생각해보기 : 황희상 작가와 정설 대표의 칼럼을 모아 구성했습니다. 교리교육에 대한 인식을 전환하는 데 도움이 될 것입니다.

내가 만난 교리 이야기 : 교리교육을 통해 신앙과 삶에 변화를 경험한 이들의 이야기입니다.

워크북 : 독자들(특히 주일학교 교사)이 직접 자신의 상황에 적용해 볼 만한 질문지와 활동 예제를 모았습니다.

part. 1

여는글

두근두근,
나도 교리교육 하고 싶다!

_정설

---

01 예배실 문 앞에 서기
02 교회 밖 삶터에서 이루어지는 교육

'성도들이 어렵다고 싫어할 거야.'

VS

'답답하다.
누가 좀 가르쳐 주면 좋겠는데.'

01. 예배실 문 앞에 서기

이 책을 처음 구상하면서, 저는 표지에 들어가면 좋겠다 싶은 그림 한 장을 상상했습니다. 어느 주일학교 교사의 뒷모습이 정지 화면으로 담겨 있는 그림입니다. 한 장의 그림이지만 많은 이야기를 담고 있습니다.

주일의 이른 아침, 반쯤 열려 있는 예배실 문 앞에 서 있는 어느 교사의 뒷모습이 보입니다. 교사의 어깨가 축 처져 있습니다. '오늘은 또 어떻게 이 시간을 버텨야 할까?' 벅차고 무거운 교사의 마음이 느껴집니다. 문틈으로는 텅 빈 예배당 의자가 보입니다. 잠시 후에 그는 짧게 기도하고는 힘을 내 문을 열고 들어갑니다.
그날의 공과 진도는 정해져 있지만, 내가 특별히 무엇을 준비해야 할지를 잘 모르겠습니다. 한 달에 한 번, 정기적으로 부서 담당 목사님께 공과에 대한 설명을 듣지만, 그때뿐, 오늘 이 자리에서 나만의 표현으로 당당히 설명하기에는 예나 지금이나 벅차기만 합니다. 아이들에게 인사를 건넵니다. 역시나 오늘도 아이들의 반응은 시큰둥합니다. 예배당에 들어오면서 밝게 인사하는 한 녀석 덕분에 힘이 납니다. 그러나 이내 그 옆 친구의 무표정한 눈빛에 기가 죽습니다.

아이들에게 공과책을 펼치라고 말합니다. 십여 분 동안 내가 들어서 아는 지식을 총동원합니다. 알아듣는 것인지 못 알아듣는 것인지, 아이들의 표정을 읽을 수가 없습니다. 사실 설명하는 나 자신도, 내 말이 전부 맞는 것인지 자신이 없습니다. 목소리가 점점 다급해지고 높아집니다. 이 시간이 어서 지나가면 좋겠습니다. 아이들이 문제를 푸는 시간에 잠깐 한숨을 돌립니다. 공과 시간이 거의 끝나 갑니다.

시끌벅적함 속에 아이들이 썰물처럼 빠져나갑니다. 예배당 한쪽 구석에 어지럽게 흩어진 주보와 볼펜을 치우고 있으려니 황망한 기분이 듭니다. 뭔가 아니다 싶을 때가 여러 번, '교사'라는 두 글자가 무거운 단어가 된 지 오래입니다. 매번 다짐합니다. '올해 말까지만 하고 반드시 그만두자! 사회 생활도 힘든데, 주일에는 그냥 예배만 드리면서 편히 지내고 싶다. 지금 이런 상태로 교사는 무리이다!' 그러나 주위를 둘러보아도 이 일을 맡을 만한 사람이 통 안 보입니다. 결단을 내리자니, 무책임하고 매정해 보이지는 않을지, 고생하는 동료 교사들에게 너무 이기적인 모습으로 비치지는 않을지 고민입니다. 그렇게 머뭇거리는 사이 연말 공동의회가 끝나고, 다시 교사 명단에 올라 있는 내 이름을 봅니다. 그렇게 또다시 52주가 시작됩니다.

그림 한 장이 너무나 많은 말을 하고 있지요? 사실 이것은 제가 교사로 활동하면서 느꼈던 점입니다. 그리고 실제로 교육 현장에서 많은 교사들이 동일한 어려움을 느낄 것입니다. 어쩌면 당연합니다. 교육학을 전공하거나 신학교를 졸업한 교역자라 하더라도, 누군가를 가르치는 일이 수월할 수는 없습니다. 그래서 그 일을 도울 무언가가 필요합니다.

교회는 말씀을 선포하는 데 그치지 않고, 말씀을 지키게 하며 전수합니다. 예배와 더불어 교육이라는 시스템(system)이 항상 존재한다는 뜻입니다. 교육이 제대로 이루어져야 신앙이 바르게 전수될 수 있습니다. 그리고 신앙을 바르게 전수하기 위해서는 제대로 된 시스템이 필요합니다.

그렇다면 한번 생각해 봅시다. 교육이 제대로 이루어지려면 어떤 것이 뒷받침되어야 할까요? 쉽게 생각해서, 내 자녀와 조카들이 학교나 학원을 다닐 때, 또는 교과서를 펼쳤을 때, 마땅히 준비되어 있어야 할 것들을 떠올려 보십시오. 우선 교육의 목적과 장·단기 교육 목표가 필요할 것입니다. 그리고 그러한 목표에 맞게 아이들이 학업 능력과 성품을 갖추어 나갈 수 있도록 커리큘럼(교과과정)을 짜야 합니다. 또한 그러한 커리큘럼에 따라 가르치는 일을 수행하기 위해 교사가 투입됩니다. 한편에서는 다방면에 걸쳐 검토하고 평가하는 일도 진행되어야 합니다. 교육의 목표는 제대로 수립되었는지, 커리큘럼은 적절한지, 교사는 효과적으로 가르치고 있는지, 아이들은 어떻게 자라고 있는지, 부족한 부분은 어떻게 보완할 것인지 등을 살펴야 합니다.

교회교육은 어떠합니까? 세상 교육과 대번에 비교됩니다. 교육 목표는 물론 공통된 커리큘럼도 찾아보기 어렵습니다. 있다 하더라도 단지 표어에 그치는 경우가 많습니다. 가르치는 교사들 역시 충분히 교육되지 못한 상태로 투입되기 때문에, 모든 것이 쉽지 않습니다. 이로 인해 많은 교사들은 좌절감을 안고서 한 주 한 주 '버티고' 있는 형편입니다. 그러나 버티는 데도 한계가 있습니다. 그러한 교사의 뒷모습을 계속 보고만 있을 수는 없습니다.

1. '우리는 왜 지금 여기에 있는가?' 교육 목표 세우기

현실적으로 우리가 할 수 있는 일은 무엇일까요? 무언가 미궁에 빠진 듯한 느낌이 들 때는, 시스템의 기초를 점검하는 것도 한 방법입니다. 뻔한 이야기 같지만, 매주 같은 시간에 아이들을 모아 그들을 가르치는 일련의 시스템이 마련된 이유가 무엇인지, 즉 교육 목적을 되짚어 보아야 합니다. 적어도 교사들은 모두 하나의 교육 목적을 공유하고 있어야 합니다. 목적이 서로 다르면, 교사들이 한마음이 되지 못할뿐더러, 교육 방법이나 결과도 제각기 달라질 수밖에 없습니다. 다른 모든 일과 마찬가지로 교육 역시 목적과 목표, 결과를 염두에 두고서 계획과 실행으로 이어져야 합니다.[1]

교회교육은 교회의 존재 이유에서 비롯되어야 하며, 그 목적은 '사람을 길러 내는 것'입니다. 따라서 교육 시스템을 구상할 때는 더욱 주의 깊게 심사숙고해야 합니다. 교회에서 말씀을 잘 먹여 하나님의 백성답게 말씀을 따라 거룩하게 자라 가는 신자를 길러 내기 위해 교육이라는 수단을 사용하는 것입니다.

잠깐 우리 현실을 돌아봅니다. 우리가 사는 이 사회는 교회가 제대로 된 목적을 향하여 걸어가도록 도울까요? 그렇지 않습니다. 종교개혁 당시와는 달리, 우리가 사는 이 시대는 기독교를 어떤 지역이나 국가의 종

---

1) 교육 목적에 따른 실행 방안과 계획에 관한 본 서 사례
　_서성욱, "교리 토론 연합 수련회를 기획하다" (105쪽)

교로 택하지 않습니다. 우리가 교회에서 가르쳐야 할 아이들은 기독교와는 상관없는 학교 시스템에서 대부분의 시간을 보냅니다. 일주일에 겨우 하루, 아니 그중에서도 고작 몇 시간을 교회에서 지낼 뿐입니다. 거룩한 신자로 자라 가기 위해, 아이들은 끊임없이 바른 지식을 배우고, 밖에서 배운 잘못된 지식을 교회 공동체에서 바로잡아야 합니다. 목적을 되짚어 보고 그것을 이루기 위해 어떻게 해야 할지를 고민해 보면, 교회교육을 통해 해야 할 일이 참으로 많습니다. 시간은 없고 할 일은 많습니다.

2. 시스템의 뼈대, 커리큘럼 만들기

두 번째로, 교회가 장기적인 커리큘럼을 갖추기를 제안합니다. 흔히 교육을 백년지대계(百年之大計)라고 합니다. 그런데 한국 교회는 대부분 길어야 몇 년 머물다가 떠나는 임시 교역자에게 자녀의 신앙교육을 전부 맡기고 있는 실정입니다. 장기적인 커리큘럼이 없는 상태에서 교역자가 바뀌면 교육의 연속성이 끊어져 버립니다. 그렇게 되면, 학습자의 지식이 깊고도 넓게 확장되기가 매우 어렵습니다. 일례로, 정통 기독교가 가르치는 바와는 다른 성경 해석과 신학을 따르는 교역자가 부서를 맡게 되어 학생들과 교사가 지금까지 배워 온 지식체계를 뒤집는 바람에 괴로워하는 일이 종종 발생하곤 합니다.

커리큘럼이 없는 경우, 새로 부임한 교역자 입장에서도 어려움이 생깁니다. 학생들이 어느 정도의 지식을 갖추었는지, 무엇을 더 배워야 하고 무엇이 더 필요한 단계인지를 가늠하기가 어려워 학생들에게 알맞은 교육계획을 세우는 데 시간이 걸립니다. 아이들 한 명 한 명과 신뢰를 쌓고, 아이들의 사정을 파악하는 데도 수개월을 써야 합니다. '현황 파악'과 '준비 운동'에 너무 긴 시간이 소요되는 것입니다. 이러한 혼란과 피해는 고스란히 피교육자가 떠안게 됩니다.

그러므로 교회는 성경과 교리, 교회사 등을 잘 가르치고 전할 수 있는 장기적인 커리큘럼을 갖추고, 새 교역자에게도 그것을 잘 가르쳐 달라고 요청해야 합니다. 그리하면 새로운 교역자와 교사들이 소모하는 시간이 줄어들고, 교육의 질이 높아질 것입니다(본 서 32쪽 '[제안] 장기적인 교회교육 커리큘럼의 예시_황희상' 참고).[2]

새로운 교회교육 커리큘럼을 짜기 위해서는, 기존에 교육이라는 이름으로, 또는 교육적인 의미로 실행했던 모든 프로그램들을 모아 분석하고 종류별로 나누어 보는 것도 의미 있는 작업이 될 것입니다. 그런 것들을 다 모아 보면, 사실상 그것이 커리큘럼이기 때문입니다. 기존에 우리가 행했던 프로그램들을 찬찬히 살펴보면, 주일의 정규교육 시간 외에는 레크리에이션이나 문화 프로그램들(찬양, 연극, 영상, 성품, 관계 등을 다루는 장·단기 프로그램)이 상당히 큰 비중을 차지한다는 것을 알 수 있습니다.

그런 프로그램들은 '주의를 환기'시키고 참여를 독려하는 수단이기는 하지만, 본질적인 내용을 체계적으로 전달하는 데는 크게 도움이 되지

---

[2] 커리큘럼 사례와 활용에 대한 본 서 사례
_조약돌, "신앙의 뿌리, 요리조리 맛보기"(189쪽)

않습니다. 규모에 비해 효과는 미비한 것입니다. 그런데도 그런 문화 프로그램들을 진행하느라 교회가 전체적으로 상당한 힘을 쏟고 있는 것은 아닌지 짚어 볼 필요가 있습니다.

매년 반복되는 행사인 경우, 작년보다 더 나은 아이디어를 짜내기 위해 성도들과 교역자들이 많은 시간과 공을 들입니다. 그런데 두려운 것은, 10년 넘게 찬양하고 율동을 배워도, 또는 그런 프로그램의 주역이 되어 열과 성을 다해 교회 활동을 해도, 성경책을 펼쳐 보지 않고 교리에 대해 배우지 않으면 하나님에 대해 잘 모를 수 있다는 것입니다. 레크리에이션과 문화 프로그램을 없애자는 것이 아니라, 그것들을 적절하고도 효과적인 '보조 수단'으로서 제대로 자리매김시킨 후에 행사 개최 여부와 규모에 대해 논의할 수 있어야 한다는 것입니다.[3]

언제, 무엇을 공부해야 할지를 정한 것만으로 교육의 목적을 달성했다고 보기는 어렵겠지요? 자연스럽게 교육 방법을 고민해야 할 것입니다.

그동안 우리의 교육 방법이 어땠는지 떠올려 봅니다. 교사와 학생이 서로를 잘 알지 못하는 상태에서, 제한된 시간에, 교사가 일방적으로 정보를 전달하기에 바빴습니다. 또는 생각할 필요 없이 그저 간단한 답을 요구하는 교육에만 치중했습니다. 이런 방식은 깊이 있고도 적극적인 사

---

[3] 연령에 맞는 새로운 교리교육 방식을 시도한 본 서 사례
 _김병두, "유치부, 눈높이를 맞추세요!"(53쪽)
 _류성민, "교리문답송, 저희 노래 들어 보실래요?"(67쪽)
 _[더 나누고픈 이야기] "남윤국 전도사의 초등부 수업 예시_남윤국"(76쪽)
 _조성용, "뭐 좀 특별하고 재미있는 프로그램 없나?"(223쪽)

고 활동을 통해 의식을 깨워야 할 나이의 신자들에게 적합하지 않습니다. 이런 이야기는 『지금 시작하는 교리교육』에서 충분히 다루었습니다. 거기서는 주입식 또는 무조건적인 암기식 교육을 지양하고, 숲과 나무를 보여 주며, 본문 자체에 집중하게 함으로써 스스로 깨칠 수 있게 하는 방식을 제안하고 있습니다.[4]

지금 교사들이 사용하는 방식과 결과가 교육의 목적에 부합하는지를 항상 염두에 둔다면, 습관처럼 해 오던 일을 개선할 수 있는 동력을 얻고, 타성에 젖는 일을 피할 수 있을 것입니다.

3. 이상하다 싶을 때는 원래 목적 바라보기

교리를 공부하다 보면, 가르치는 사람이나 배우는 사람이 신학 지식에 함몰되는 경우가 있습니다. 교리를 제대로 가르치면, 성경을 사랑하고 가까이 두고 읽을 수밖에 없습니다. 그러나 교리교육을 도입한 이후에 사람들이 교리와 종교 서적을 탐독하느라 정작 성경을 읽지 않게 된다면, 교육의 목적을 많이 벗어난다고 볼 수 있습니다.[5]

---

[4] 교리교육에 기독교 세계관 교육, 설교, 참여자 주도적인 방식을 접목하고자 시도한 본 서 사례
 _김진곤, "나의 소년부 교리교육 일지"(79쪽)
 _정동건, "교리문답, 그 '낯섦'과 '낯 섬' 사이에서"(173쪽)
 _문지환, "교리반을 모집합니다!"(121쪽)
[5] 교리교육의 제 기능으로서 성경을 더욱 사랑하게 되는 반응과 관련한 본 서 사례
 _신재원, "선생님, 저희 좀 도와주세요!"(165쪽)
 _서자선, "장년부 여성들의 교리 공부 도전기"(237쪽)

지식이 많아지면, 하나님께서 자신을 인정하시리라는 생각과 인정받고자 하는 욕구가 강해져 다른 사람의 부족함이 크게 보이는, 일종의 엘리트 의식에 빠지기도 합니다. 교리를 공부하면서 성품이 부드럽게 변하는 것이 아니라, 도리어 날카로워지고 성도 간에 관계가 경직되기도 합니다. 비판과 지적 자체에 함몰되기도 합니다. 아직 교리를 접하지 못했거나 접했지만 미처 자신의 것으로 받아들이지 않은 주변 사람들의 부족한 점들이 커다란 단점으로 보이기 시작합니다. 이웃 성도들의 약점과 단점을 지적하고, 그러다 보니 적이 많아지고, 상대에게 공격을 되돌려 주고 다시 수비하는 악순환이 거듭되면서 스스로 고립되고 맙니다.

그런 모든 현상을 지금 우리가 잘못 가고 있다는 경고로 받아들여야 합니다. 그럴 때는 차라리 진도를 따라가던 공부를 멈추고, 지금까지 배운 것들을 자기 삶에 잘 적용했는지를 돌아보며 함께 회개하고 기도하는 시간을 가지는 편이 더 낫습니다. 교육 방식이 교육의 목적에 부합하는지를 늘 살피고, 위와 같은 부작용들에 어떻게 대비할 것인지를 고민하며, 교육의 전 과정에 세심한 장치들을 두어야 할 것입니다.[6]

한편, 교육의 목적을 염두에 두지 않을 경우에 교육 방식이 '신비주의'로 흐를 수 있다는 점에 주목하고 싶습니다. 극단적인 예로, 유치원생을 대상으로 교리를 가르치면서 신앙고백서를 그대로 읽어 주는 방식을 들

6] 교리교육 중에 일어나는 부작용과 대처 방안에 관한 본 서 사례
　_전병모, "초교파 구성원들과 교리 공부를 시작하다"(251쪽)
　_[디딤돌] "소외되는 사람이 없도록 돌보아 주세요_이수환"(220쪽)

수 있습니다. 그것은 영어를 모르는 사람 앞에서 영어로 말하는 것과 다를 바가 없습니다. 중세 시대에는 대중들이 알아듣지 못하는 라틴어로 성경을 읽어 주었습니다. 그런데 지금도 그런 일들이 실제로 일어나곤 합니다. 교육 목적은 사라지고, 교리교육을 시행한다는 것 자체에 지나치게 큰 의미를 부여할 때 그런 일들이 발생합니다. 자신도 모르게 신앙고백서와 교리문답 자체에 무슨 신령한 능력이라도 있는 것처럼, 언젠가 성령께서 깨달음을 주시겠지 하는 착각에 빠져 시간만 보내는 것입니다. 그것은 '교육'이 아닙니다. 오히려 그런 태도로 인해 학습자들이 말씀과 교리에서 영영 멀어지게 될 수도 있습니다.[7]

우리는 기독교 역사 가운데 믿음의 선배들에게서 좋은 교육 재료인 신앙고백서와 교리문답을 물려받았습니다.[8] 그러므로 어떻게 하면 그것을 21세기를 살아가는 신자들에게 제대로 전수할 수 있을지, 더 나은 교육 방법을 연구해야 합니다. 그와 더불어 준비된 교사를 양성하고 교사를 지원하는 데에도 많은 힘과 시간과 노력을 기울여야 합니다. 물론 그 일 역시 교회교육의 목적을 떠올리면서 각 교회의 실정에 맞는 방안을 찾아나가는 차원에서 진행되어야 합니다.

---

[7] 실패한 교육방식과 실패한 이유에 대한 본 서 사례
  _김일호, "'교리 신비주의'를 넘어서"(129쪽)
  _[더 나누고픈 이야기] "하루 만에 실패로 끝난 나의 첫 교리교육_장은아"(186쪽)
[8] 해외 선교와 관련하여 교리교육의 필요성에 대한 본 서 사례
  _변현석, "선교지 중국, 교리교육이 필요합니다"(269쪽)

[제안 : 장기적인 교회교육 커리큘럼의 예시] _ 황희상

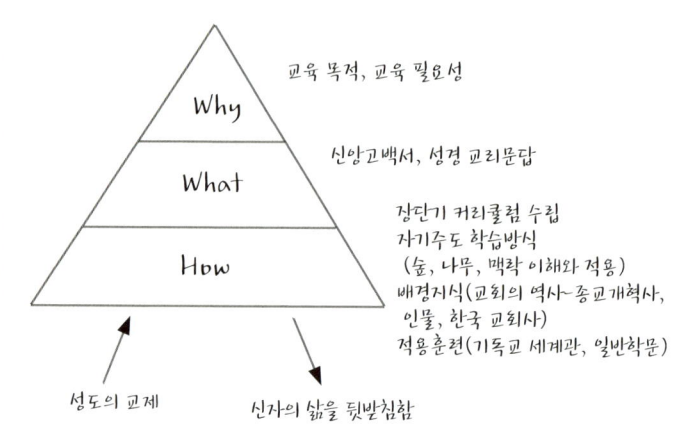

• Why : 왜 교리교육을 해야 하는지, 모두가 동의할 만한 교육 목적을 수립하고, 부서 회칙 등에 명시합니다. What과 How는 교육 목적에 부합하도록 설정되어야 합니다.

• What : 무엇으로 교육할까에 대해서는 『지금 시작하는 교리교육』을 참고하십시오. 그 점에 대해 충분히 다루고 있습니다. 신앙고백서와 성경 교리문답은 교회에서 반드시 공부해야 할 기본 교재입니다.

• How(커리큘럼) : 교회교육에 사용할 커리큘럼은, 개개인의 신앙체험이 아니라 교회가 함께 신앙하고 공적으로 고백한 것이어야 합니다. 오늘날 교회교육의 커다란 문제 중 하나가 바로 이 커리큘럼입니다. 보편적인 커리큘럼이 없는 상태에서, 개별 교회가 담당 교역자 각각의 방식이나 신학적 배경에 전적으로 의존하는 식의 교육이 이루어지고 있습

니다. 그렇게 되면, 담당 교역자의 자질이나 성향에 따라 어느 한쪽으로 치우칠 수밖에 없습니다. 검증되지 않았거나 유행을 따르는 프로그램은 성경의 가르침을 균형 있게 전하지 못합니다. 혹자는 지식 위주로, 혹자는 생활 적용 위주로 치우치게 됩니다. 이러한 현실을 극복하기 위해서는 다수의 교회가 동의하고 권위를 인정하는, 체계적이고도 균형 잡힌 커리큘럼을 사용해야 합니다.

아래에 제시하는 커리큘럼의 예를 참고하십시오.

[교리문답을 활용한 교리교육 4년차 커리큘럼 예시]

	1년차 소요리문답	2년차 교회사(신조사)	3년차 십계명	4년차 교회정치, 세계관
1월	1-3문	성경, 신조, 교회사 개요	도덕법 및 서문	교회법 : 정치와 예배모범/예배순서
2월	4-12문	고대 신조 (니케아- 아타나 신조)	1계명 세미나	신자의 자유와 양심/ 목사와 장로
3월	13-19문	중세 가톨릭과 종교개혁	2계명 세미나	교회의 표지 : 말씀 - 설교
4월	20-28문	제네바 요리문답, 스코틀랜드 신앙 고백서, 벨기에 신앙고백서	3계명 세미나	교회의 표지 : 성례 - 세례와 성찬

5월	29-35문	하이델베르크 요리문답, 도르트신조	4계명 세미나	교회의 표지 : 권징 -나타난 뜻
6월	36-38문	웨스트민스터 신앙고백서, 웨스트민스터 대소요리문답	5계명 세미나	보이는 교회와 보이지 않는 교회
7월	39-44문	하이델베르크 요리문답 죄(1~11문)	6계명 세미나	개요 : 십계명과의 관련성
8월	45-62문	구원 : 참된 믿음 (12~85문)	7계명 세미나	가정 : 결혼과 이혼
9월	63-81문	바른 지식 : 사도신경 (22~64문)	8계명 세미나	경제 : 성도의 경제관
10월	82-88문	굳은 신뢰 : 성례 (68~84문)	9계명 세미나	직업 : 성도의 직업관
11월	89-97문	감사 : 십계명과 주기도문 (86~129문)	10계명 세미나	정치 : 성도의 국가관
12월	98-107문	개인 소책자 인쇄 (나의 팡세)	성도의 삶 총정리	학문 : 특별계시로 해석하는 일반계시

- 각 항목별 세부 커리큘럼은 교회의 형편에 맞추어 별도로 작성할 수 있습니다.
- 1년 과정에 새신자 교육을 포함할 수 있습니다. 저의 경우에는 매주 소요리문답 학습서인 『특강 소요리문답』의 해당 부분을 읽고 후기를 적어 오도록 했고, 모임 시간에 그것을 나누는 형태로 진행했습니다.
- 2년 과정의 교회사는 기본 교재를 정해 강의식, 또는 발제식으로 진행하는 것이 좋습니다. 특히 7~12월의 '하이델베르크 요리문답'의 경우에는 주요 쟁점 위주로 살펴보는 것이 필요합니다.
- 3년 과정은 한 달에 한 계명씩 기독교 윤리학의 관점에서 세미나 토론회 형식으로 진행할 수 있습니다.
- 4년 과정의 '교회정치'는 강의와 토론을 병행하며, '기독교 세계관'은 독서 토론 형식으로 진행할 수 있습니다. 4년 과정을 다 마친 사람이 교사가 되어 다음 세대를 교육할 수 있다면 유익할 것입니다.

02. 교회 밖 삶터에서 이루어지는 교육

 교역자는 자주 바뀝니다. 심지어 담임목사도 때가 되면 은퇴합니다. 그런데 성도들은 이사를 가지 않는 한, 평생 함께 한 교회에 다닙니다. 결혼을 하고 한 지역에 정착하면, 일가친척보다 교회 공동체와 지내는 시간이 훨씬 많아집니다. 그러나 우리는 언약 공동체의 일원으로서 신앙생활을 경험하기가 몹시 어려운 시대에 살고 있습니다. 분명 자주 만나는데도 깊이 사귀고 권면하는 관계를 맺기가 어렵습니다. '성도 간의 교제'가 약화된 것입니다.

1. 성도 간의 교제

 규모가 아주 작은 교회가 아니라면, 같은 연령대의 아이들로 구성된 주일학교만 다니는 아이들은 자신의 교회에 다니는 어른들에 대해 잘 모를 수 있습니다. 부모와 함께 교회에 다니는 아이들은 그나마 낫습니다. 그러나 불신 부모를 두어 혼자 교회에 다니는 아이들은 10년이 지나도 어른들과 심지어 다른 반 친구들과 대화 한 번, 인사 한 번 제대로 하지 못할 수 있습니다.

그런 상황에서 교사들은 주일 하루, 그것도 짧은 공과 시간에 아이들을 만나 무언가를 가르쳐야 합니다. 그러므로 교사들은 어린 성도들과 만나고 교감하는 시간을 가능한 한 많이 확보해야 합니다. 평일이나 주말, 또는 주일 저녁에 시간을 내 아이들과 교제하고, 아이들의 생각을 듣고, 마음을 나누어야 합니다. 특히 상대적으로 시간을 쓰기가 자유로운 청년들은 아이들과 식사하면서 나누는 교제를 통해 머리에 머무르는 지식을 마음으로 받아들이게 하는 중요한 기회를 제공하게 될 것입니다.

주일 하루뿐 아니라, 아이들의 평소 삶을 잘 관찰하는 것도 필요합니다. 요즘에는 인터넷과 모바일이 잘 발달해서 평소에 아이들과 소통하는 일이 예전보다 쉬워졌습니다. SNS를 살펴보고, 아이들의 표정을 관찰하고, 그 생각을 경청해야 합니다. 아이들로부터 신뢰를 얻기 전에 섣불리 조언만 하려다 보면, 아이들이 진짜 말하고자 하는 바를 듣지 못하고, 오히려 아이들과의 소통이 단절되고 말 것입니다.[1]

또한 교사들끼리 삼삼오오 모여 식사하고 대화하는 자리를 가지는 것도 필요합니다. 예를 들어, 저희 부부는 실험적으로 교회의 청년들이 언

---

[1] 홈스쿨링을 택한 가정에서 교리교육을 시도한 본 서 사례
_윤춘이, "첫째 아이가 회심을 고백한 날"(143쪽)

제든 와서 쉴 수 있도록 날마다 저희 집을 개방했습니다. 특히 나태해지기 쉬운 주말에 손님들이 찾아오니 정신이 번쩍 들면서 시간을 좀 더 유익하게 쓸 수 있었습니다. 그리고 청년들과 함께 식사하며 수시로 대화하고 책을 읽으며 주말을 보내게 되었습니다. 청년들 중에는 교사로 봉사하는 사람들이 많은 까닭에 자연스럽게 교사 모임이 이루어지기도 했습니다. 학생들에게 어떤 개념을 어떻게 설명해야 할지를 토의하고, 개선할 점이 무엇인지를 나누면서 자연스럽게 피드백이 오고 갔습니다. 뿐만 아니라 서로가 가르친 대로 살아가고 있는지를 확인하고 서로를 위로하고 격려하는 모임이 되었습니다. 그래서 누가 모이자고 나서지 않아도 자발적으로 모임이 이루어졌습니다.

특히, 신자의 가정에 초대하는 방식으로 교제가 이루어지는 경우에는 밖에서 만나는 것보다 훨씬 깊이 교제할 수 있습니다. 비교적 긴 시간을 보낼 수 있기 때문입니다. 집을 내주고, 음식을 내주고, 시간을 내주고, 서로에 대한 사랑과 관심을 내주어야 합니다. 이런 경험들을 통해, 성도 간에 우리가 그리스도의 지체이며 각자의 아픔이 곧 우리의 아픔이 되는, 그리고 내 것을 나눌 수 있는 공동체성을 실제로 느낄 수 있습니다. 게다가 신자의 가정에서 이런 모임을 하면, 아이들은 어른들이 살아가는 모습과 나누는 대화 속에서 자연스럽게 신앙에 대해 배우고 생각하게 될 것입니다. 나와 내 가족끼리만 교회에 나가 예배하고 돌아오기를 반복하는 것은, 성도로서 어쩌면 불행한 일입니다.

교제의 횟수도 중요하지만, 만나는 동안 나누는 대화의 질도 중요합니

다. 어렵게 시간을 내 모였는데, 곁도는 이야기나 신변잡기만 나누다 끝난다면, 모임의 의미가 사라지고, 그 모임에서 참기쁨을 얻을 수 없을 것입니다. 그런 만남은 공허합니다. 신변잡기와 유머는 그저 본론을 이야기하기 위한 보조 수단일 뿐입니다.[2]

할 수 있는 대로, 기회가 닿는 대로 성도 간에 영적인 일들을 돌아보고, 사랑과 신뢰를 느낄 수 있는 관계를 만들어야 합니다. 성도의 교제 속에서 복음의 부요함을 맛보는 일은 서로를 하나의 언약 공동체이자 동역자로 묶어 줄 것입니다. 이러한 관계는 가르치는 자와 배우는 자 모두를 유기적으로 끈끈하게 연결해, 결국 교회교육을 든든하게 뒷받침해 줄 것입니다.

---

[2] 교리교육과 관련하여 신뢰 속에 이루어지는 깊이 있는 대화의 중요성에 관한 본 서 사례
_원도연, "교리, 내 삶의 기준을 바꾸어 놓다"(211쪽)

2. 세상에서도 성도답게 살 수 있도록 떠받치는 교회교육

교리교육을 꾸준히 하다 보면 분명히 좋은 날이 올 것입니다. 지금은 상상하기도 힘든 장기 커리큘럼도 마련되고, 훈련된 교사들도 있으며, 교육 시간도 충분하고, 주일 출석률도 좋으며, 아이들도 교리를 잘 이해하게 되는 그런 날 말입니다.

하지만 지상의 교회는 완벽할 수 없습니다. 시스템이 좋고 호응이 좋다고 안주하는 것이 아니라 지금 우리의 교육이 원래의 목적대로 잘 가고 있는지를 늘 점검한다면, 나태해지거나 순수했던 모든 것이 급속히 변질되는 것을 예방할 수 있을 것입니다.

주일에 교회에 잘 나오지 않던 사람이 꼬박꼬박 교회에 나와 예배하는 변화를 보여 주었다고 거기서 만족해 버리면 안 됩니다. 물론 그러한 변화를 충분히 기뻐하되, 나머지 6일의 삶도 서로 돌아보아야 합니다. 가정과 사업장에서도 성도답게 살고 있는지를 살피고, 어려움에 부딪쳤을 때는 어떻게 하는 것이 가장 좋을지를 서로 묻고 의논해야 합니다. 그리고 지식이 부족하다면, 공부하고 대비하는 시간도 필요합니다. 예를 들어, 교회에 잘 다니고 교회 문화와 용어에는 익숙하지만, 말투가 여전히 사납고 성품이 거칠거나, 사회인으로서 발전이 더디거나, 직장에 대해 돈만 벌면 그만이라는 식으로 생각한다면, 그 교리교육이 잘못된 것입니다. 자신의 성품을 개선하고, 많은 일을 더 잘하고, 회사에 기여하기 위하여 정보를 찾고 훈련함으로써 필요한 능력을 적극적으로 갖춰 가야 합니다. 그런 과정에 하나님께서 우리에게 허락하신 일반은총을 충분히 누릴 수 있습니다. 십계명을 공부하고 나서 삶에 적용할 때, 학습자들은 당장 고민에 빠질 것입니다. 그것이 혼자 힘으로는 참 어렵습니다. 그러하기에 대요리문답을 작성했던 종교개혁자들이 십계명을 가르칠 때 그 시대의 요구에 따라 더욱 확대 적용했던 것처럼, 우리가 사는 시대에 그것을 어떻게 적용해야 할지를 함께 고민해야 합니다.

그런데 여기서 주의할 점이 있습니다. 일반은총을 누리고 사용하는 데 너무 몰입하다 보면, 주객이 전도되는 경우가 발생하기도 합니다. 아주 작은 예를 들어 보겠습니다. 교회학교에서도 자기주도식 교육이 필요하다고 느끼거나 리더십을 기른다는 의도로 모임을 쌍방향 소통이나 대화하는 방식으로 진행하다 보면, 그러한 방식이 가진 매력에 깊이 빠져들 수 있습니다. 여기까지는 얼마나 좋습니까? 그런데 그런 방식을 주일 설교에도 적용하려고 하면 곤란합니다.

예배 순서에는 종교개혁자들의 세심한 교리적 숙고와 교육적 배려가 담겨 있습니다. 하나님의 순수한 말씀이 교회에 선포되고, 같은 신앙고백과 교리 안에서 교회의 모든 예식과 활동들이 제시될 때, 교회와 신자의 삶이 질서 있게 운영되고, 공동체로서 힘과 지혜를 축적해 나갈 수 있습니다. 그런데 그러한 체계가 없거나 체계를 잃어버린다면, 오랫동안 검증된 전통과 열심히 고민해서 만든 시스템들이 금세 무너져 버릴 것입니다.

우리에게는 세상의 학문이 제공할 수 없는 진리의 원천이 있습니다. 성도들의 인생 전체를 통해 진리가 삶으로 드러나야 합니다. 할 수만 있다면, 교회학교에서 첨단지식까지도 다룰 수 있는 정도가 되어, 성도들이 세상에서 배운 것들을 진리로 재조명하고, 세상에서 성도답게 살다가 부딪치는 힘겨움을 교회에서 털어내고 재무장하여 세상으로 뛰어들어 갈 수 있도록 도와주는 데까지 자라기를 바라 봅니다.[3]

---

[3] 교리교육을 통해 학생들이 일반 학문을 더욱 풍성하게 해석하도록 이끄는 시도에 관한 본 서 사례
_김병재, "호랑이 선생님의 교리 수업 이야기"(153쪽)

더 생각해 보기

교회교육, 어떤 사람을 길러 내야 할까

유치원에서부터 초등학교, 중학교와 고등학교, 대학교에 이르기까지, 우리는 10년 이상 '교육'을 받습니다. 하지만 우리나라의 국가 종교가 기독교가 아닌 까닭에, 우리는 오랫동안 기독교와는 무관한 것을 배웁니다. 더구나 어려서부터 온갖 종교와 신들을 소개받고, 신을 믿지 않거나 범신론적인 사고를 가진 선생님과 친구들을 만나다 보면, 기독교인으로서 사고하고 행동으로 이어 가기까지 많은 어려움에 부딪칠 수밖에 없습니다.

학교의 교육은 어떻습니까? 공부하는 내용은 '어떠한 사실의 발견'이라지만, 기독교와 정반대되는 생각으로 해석하는 경우가 대부분입니다. 특히 과학 과목에서 그런 점이 뚜렷하게 드러납니다. 학교에서 자연과 우주의 원리를 배울 때, 하나님의 창조나 섭리를 공공연하게 이야기할 수가 없습니다. 우리나라의 교육이 진화론을 중심으로 흘러가고 있기 때문입니다.

각 과목을 서로 분절하여 가르치고, 한 과목조차 여러 가지 평가 기준으로 나누어 아주 단편적인 분야의 능력만을 확인하는 교육 환경에서, 어떤 새로운 지식을 접할 때 그 지식에 담긴 기독교적 의미를 찾고 생각하도록 훈련하기란 쉽지 않습니다. 예를 들어, 영어를 배우면서 'Human'이라는 단어를 접할 때, 우리는 '인간'이라는 원래 뜻보다는 [휴:먼]이라는 발음과 입술 놀림에만 신경을 씁니다. 누가 흉내를 더 잘 내느냐에 따라 높은 성적이 매겨지고, 관심과 주목을 받는 것이 오늘의 교육 현실입니다. 성도의 자녀가 난생 처음 '인간'이라는 단어를 접하는 경우, 그에게 '인간은 하나님 앞에 죄인이며 타락한 존재'라는 것을 함께 가르칠 수 있어야 합니다. 물론 그런 교육을 지금의 공교육에 기대할 수는 없습니다. 그래서 교회와 가정에서 그러한 역할을 감당해야 하는 것입니다.

어느 누구도 세상의 모든 문제의 본질에 대해 만물의 창조주보다 더 잘 알 수는 없습니다. 특히 인간이 어떠한지, 어떤 속성을 가지고 있는지, 왜 그런 속성을 가지게 되었는지에 대해, 성경은 이미 풍요로운 원리를 제공합니다. 그러하기에 우리는 성경을 배움으로써 세상의 사건과 사고 앞에서도 크게 요동하지 않고, 사건의 본질을 더욱 뚜렷하게 알아낼 수 있습니다.

경쟁에서 이겨야 편하게 산다는 사고방식이 오늘날의 '인생 공식' 같아 보입니다. 하지만 세상이 그렇다고 해서 성도마저도 그런 공식을 분별 없이 받아들이거나 그로 인한 결과를 막연히 기대하면서 사는 것을 아무렇지 않게 생각한다면, 그것은 곤란합니다. 우리가 사는 유일한 목적은 하나님을 알고 그를 영원토록 기뻐하는 데 있으므로, 교회교육의 목적도 그런 인간을 길러 내는 데 있어야 합니다. 어쩌면 그것은 기독교 국가에서 태어나지 않은 우리들이 안고 가야만 할 숙제일 것입니다.

part. 2

가슴 뛰는 교리교육
현장 보고서

_공동저자

---

01 유초등부
02 중등부
03 고등부
04 청년·장년부, 해외 이야기

초등학교 2,3학년 쯤이었던 것 같습니다.
목사님 댁에서 밥을 먹는데 저에게 식사 기도를 시키셨습니다.
어린 마음에 목사님 앞이기도 하고 옆에 목사님 딸들도 있어서,
평소처럼 "맛있는 밥을 주셔서 감사합니다.
예수님 이름으로 기도합니다. 아멘"
정도로 하기는 부족한 듯하여 즉흥적으로
"이 쌀을 만들기 위해 수고하신 농부 아저씨들께도 감사하며······"
라는 식으로 기도를 이어 갔습니다.

기도를 마치자 목사님께서 말씀하셨습니다.
"식사 기도를 할 때는 농부들에게도 감사해야 하겠지만,
그보다도 하나님께서 이런 음식을 주시며,
따라서 '하나님께서 주시지 않으면 나는 죽는다'는 생각을 가지고
기도해야 한다.
너희들은 냉장고 문만 열어도 먹을 것이 있고,
엄마 아빠가 항상 밥을 주시니 평소에 그런 생각을 하지 않겠지만,
사실 우리는 하나님께서 먹여 주셔서
지금 이 순간도 살아 있는 거란다."

그날 이후,
초등학생의 눈에도 매 끼 밥상이 달라 보일 수밖에 없었습니다.

01

유초등부

김병두 │ 유치부, 눈높이를 맞추세요!
류성민 │ 교리문답송, 저희 노래 들어 보실래요?
김진곤 │ 나의 소년부 교리교육 일지

유치부와 교리교육은 어쩐지 어울리지 않아 보입니다. 유치원생 꼬마들에게 교리를 가르친다니……. 과욕이 아닐까 싶기도 합니다. 그러나 이 사례를 보고 용기를 얻으시기를 바랍니다. 아이들의 눈높이에 맞추기 위해 고려하고 준비할 것이 무엇인지 확인해 보십시오.
|

교리교육을 해야 한다고 이야기하면서도
유치부, 초등부는 예외로 생각하는 경우를 자주 봅니다.
그러나 하나님께서 한 죄인을 구원하여
그를 통해 영광을 받으시는 일에
어린아이들이 배제될 이유가 없습니다.
교리는 어른, 아이 구분 없이 모두에게 가르쳐져야 합니다.
그리고, 우리는 가르칠 수 있습니다.

01
유치부, 눈높이를 맞추세요!

김 병 두

제가 어떻게 유치부 아이들에게 교리교육을 시작하게 되었는지 소개하겠습니다. 그저 저의 경험을 있는 그대로 나누면서 함께 용기를 얻고자 합니다. 당시 교회의 상황은 이러했습니다. 주일 아침 9시 30분에 유치부 예배가 있었고, 11시에는 먼 거리에서 부모님과 함께 교회에 오는 아이들을 위해 '2부 학교'라는 시간이 마련되어 있었습니다. '2부 학교'는 유치부 담당 교역자가 맡도록 되어 있었기 때문에, 제가 맡게 되었습니다. 교회는 모든 것을 교역자의 재량에 맡겼지만, 설교만큼은 교단 공과의 본문을 따르도록 요구하였습니다. 그러나 '2부 학교'는 교역자가 정한 내용으로 설교할 수 있었습니다. 그래서 저는 웨스트민스터 소요리문답을 교육의 핵심 줄기로 정하고, 각 문항을 따라 설교를 준비했습니다.

시작할 때는 걱정이 많았습니다. 완벽하게 준비한 것도 아니었고, 개인적으로 첫 사역이라 아직 아이들에 대해 많은 것을 파악하지 못한 상황이었기 때문입니다. 교사들의 반응도 걱정이었습니다. 모든 것이 다 걱정이었지요. 당시 아이들과 소요리문답을 나누기 시작하면서 나름대로 주의를 기울였던 원칙을 소개하겠습니다.

아이들을 위한 교리교육 원칙

하나, 눈높이를 맞추자!

말처럼 쉬운 일이 아닙니다. 유치부 아이들의 연령에서 사용하는 어휘나 언어 발달에 관해 알아야 했습니다. 웨스트민스터 소요리문답은 성경의 주요 교리를 간결하게 정리한 것이라서 단어나 문장이 매우 함축적입니다. 즉, 단어의 개념이나 뜻을 풀어서 설명해야 하는 경우가 무척 많다는 것입니다. 그렇다면 유치부 아이들에게는 어떨까요? 쉽게 풀어서 설명해 주는 일이 더더욱 필요합니다. 비유를 들 때도 아이들의 일상과 맞닿아 있는 내용을 살펴서 이야기해 주어야 합니다.

- **예시 1. 죄를 설명할 때**

문답의 내용에 따라 말을 풀어 주되, 시청각을 활용합니다. 예를 들어, 하얀색 종이와 검은색 종이를 준비하여, 하나님의 법을 지키지 않는 상태를 검은색으로 보여 주고, 순종하는 상태를 하얀색으로 보여 줍니다. 아이들이 하얀색과 검은색의 대비를 이미 경험으로 많이 알고 있으므로 용어의 차이를 느끼게 하는 데 도움이 됩니다.

• 예시 2. 섭리를 가르칠 때

 섭리가 보존하고 다스린다는 의미임을 우선 말해 줍니다. 여기서 '보존'이라는 용어의 의미를 알려 줄 때는, 아이들에게 자신의 장난감 중에서 무엇을 가장 좋아하는지 물어봅니다. 그러면 아이들은 큰 소리로 저마다 소중한 장난감을 이야기합니다. 그때 평소에 그 장난감을 어떻게 다루는지와 연결 지어 개념을 설명합니다. '다스림'에 대해 설명할 때도, 부모님 또는 아이들이 다니는 어린이집이나 유치원의 선생님들이 식사 시간이나 수업 시간에 목적을 제대로 이룰 수 있도록 주변을 질서 있게 살피는 모습을 들어 이야기해 주면 효과적입니다. 최대한 아이들의 삶과 밀착된 상황을 끌어 오는 것이 좋습니다.

 이를 위해 해야 할 일이 두 가지 있습니다. 아이들의 언어에 익숙해지기 위해서는, 먼저 아이들의 책을 읽는 것이 좋습니다. 일반적으로 해당 부서의 아이들의 연령에 맞추어 추천되는 동화책들이 있습니다. 아이들은 어린이집이나 유치원 등에서 이런 책들을 많이 접하는데, 그런 책을 참고하십시오. 많이 볼수록 좋습니다. 알고 외우는 게 아니라 익숙해져야 하기 때문입니다(아이들의 언어 발달에 관한 책으로는 최근에 EBS 미디어에서 나온 『언어 발달의 수수께끼』가 도움이 되었습니다).

다음으로, 실제로 아이들이 사용하는 단어를 직접 들어야 합니다. 아이들이 실제로 주고받는 대화는 책과는 또 다릅니다. 책도 결국 어른들이 만드는 것이기 때문입니다.

이런 준비 작업을 하고 나면, 아이들에게 내용을 전달할 때 눈높이를 맞추는 작업을 할 수가 있습니다. 절대로 조급해하지 마십시오. 생각보다 더딜 수 있습니다. 절대적으로 시간이 필요한 작업입니다.

둘, 가정과 함께!

아이들을 교육할 때는 부모님을 배제할 수가 없습니다. 주일학교 아이들을 섬기는 모든 교역자들과 교사들이 여기에 공감할 것입니다. 부모님과 보내는 시간의 양을 무시할 수 없습니다. 아이들은 일주일 동안 부모님과 가장 많은 시간을 보냅니다. 따라서 부모님에게 보내는 알림장을 만들어, 유치부에서 무엇을 하려고 하는지, 무엇을 하고 있는지를 계속 알려야 합니다. 그리고 적극적으로 동참하시기를 권유하십시오.

온 교회가 교리의 중요성을 인식하여 그것을 교육하고 있다면 어렵지 않을 것입니다. 그러나 문제는 우리의 형편이 그렇지 않다는 것입니다. 그래서 지혜가 필요합니다. 아마도 여러분은 다음과 같은 상황을 마주하게 될지도 모릅니다. "애들에게 무슨 이런 것을 가르치느냐?", "다른 부서는 하지 않는데, 왜 우리 아이 부서만 이런 것을 가르치느냐!"

신앙생활에 열심이 있고 교육에 관심이 많은 부모님들은 이런 식으로 딴지를 걸지 않습니다. 그러나 그저 교회 생활에 익숙해진 사람들 중에는 그렇게 말하는 사람이 반드시 있습니다. 교리에 대한 편견도 한몫합니다.

게다가 교회 차원의 어려움은 더욱 심각합니다. 교리교육을 하는 것 자체를 두고 비아냥대거나 책임을 지라거나, 숫자가 불어나지 않으면 그만두라는 식으로 '조건적 허락'을 하는 경우가 많습니다. 담당 부서의 교역자가 짊어져야만 하는 짐인 것입니다.

이러한 난관을 어떻게 뛰어넘어야 할까요? 교리교육을 시작하기 전에, 먼저 담임목사와 주요 지도자나 대표들을 진지하게 설득하고 배려할 필요가 있습니다. 처음부터 너무 강하게, 이를테면 교리교육을 하지 않으면 '마치 이단이라도 될 것처럼' 표현하는 것은 위험합니다. 사실 혈기 왕성한 젊은 교역자들은 곧잘 그런 실수를 저지릅니다. 표현을 조심해야 합니다. 아 다르고 어 다른 법입니다.

셋, 교사들과 함께!

교회에서 주일학교 교사를 하는 사람들은 어느 정도 신앙생활에 열심을 가지고 있습니다. 그러므로 평소에 함께하는 그들을 존중하고 귀히 여기는 태도를 지니는 것이 중요합니다. 교역자와 교사 간에 신뢰가 없다면, 교역자가 뭔가를 시도하려고 할 때에 교사들이 억지로 하거나 거부하는 일이 발생할 수 있습니다. 그래서 교사들과 먼저 나누는 것이 중요합니다. 물론 이것도 어느 정도 섬김과 시간이 필요하다는 것을 잊지 마십시오.

교역자와 교사들이 미리 웨스트민스터 소요리문답 전체를 빠른 속도로 한 번 살펴보십시오. 첫 사역지에서 유치부 아이들에게 소요리문답을 가르칠 때에는 그렇게 하지 못했는데, 이후에 기회가 생겨 교사들과 어느 정도 함께 살펴보는 시간을 가지자 교사들부터 유익을 누리고 동기도 부여되어 좋았던 기억이 있습니다(62쪽 디딤돌 '교리교육에 대한 교사들의 반응' 참고).

넷, 기도하라!

이 점은 아무리 강조해도 지나치지 않을 것입니다. 오직 사람 안에서 새롭게 하시는 성령 하나님의 은혜가 있어야 합니다. 눈을 열어 깨닫게 해 주시는 일이 있어야만 합니다. 그러므로 내용을 준비하는 만큼 더욱 무릎을 꿇어야 합니다. 그런데 이것은 사실 쉽지 않습니다. 그러나 오직 하나님의 역사로만 진리를 깨달을 수 있다는 점을 깊이 인식하고 있다면, 우리는 여기에서 실수하면 안 됩니다. 이 부분을 놓치면, 자칫 교역자 자신은 물론 교사들도 메마른 지식을 전달하는 데 빠지기 쉽습니다.

뒤따르는 변화들

이와 같이 섬겼을 때 저는 다음과 같은 변화들을 보게 되었습니다.

교사들과 교역자 자신의 변화

아이들을 대상으로 교리교육을 진행했지만, 가장 큰 변화를 보인 것은 교사들이었습니다. 부장 권사님부터 청년 교사들에 이르기까지, 자신들이 배워 보지 못했던 내용들을 열심히 들었습니다. 심지어 몇몇 부모님들도 '2부 학교'에 참석하곤 했습니다. 이후 부장 권사님과 교사들의 많은 호응과 격려가 있었습니다. 교사 대학과 같은 모임이 있을 때는 교회에 이런 교육을 더욱 강하게 요구하기도 했습니다. 함께 아이들을 섬기는 교사들이 이처럼 마음을 모아 주니 가르치는 저도 힘이 나고, 이후에 내용을 나눌 때도 많은 도움이 되었습니다.

또한 교역자 자신의 변화도 간과할 수 없습니다. 이것은 가르치는 이들에게서 공통적으로 나타나는 반응입니다. 가르치기 위해 준비하는 사람이 가장 큰 유익을 누립니다. 미리 살피고 나누고 돌아보면서 매우 감사해합니다. 저는 이러한 진리의 내용들을 숙고하면서 저 자신부터가 실제 삶에서 어떻게 살아가야 할지를 더 깊이 고민해야 함을 느꼈습니다.

아이들의 변화

첫째, 질문이 많아졌습니다. 들었던 내용과 관련하여 여러 가지 질문들이 쏟아졌습니다. 교회에서뿐만 아니라 가정에서도 질문이 많아져서 부모님들이 문의해 오곤 했습니다. 친구들끼리 이야기하는 것도 확인할 수 있었습니다.

둘째, 말씀을 들을 때 좀 더 적극적인 태도를 보였습니다. 듣는 일이나 질문에 대답하는 일, 지난 시간에 나누었던 말씀 등에 대해 아이들이 이전보다 능동적으로 반응했습니다. 어릴수록 자신이 경험하거나 배운 것을 쉽게 이야기하는 경향이 강합니다. 특히 가깝다고 생각하는 부모님이나 친척들, 또는 교회 전도사님이나 담임선생님에게 그러하지요.

소요리문답을 공부할수록, 아이들은 어디를 가든 자신들이 배운 내용에 대해 많이 이야기했습니다. 자신이 그 뜻을 온전히 이해하지 못했다 하더라도 들은 이야기들을 전하고, 자기가 알고 있는 내용들을 부모님께 물어보기도 했습니다. 부모님께 물어볼 때는 일종의 시험하는 듯한 느낌이 강했습니다. 엄마 아빠가 알고 있는지를 시험하는 것입니다. 성령 하나님께서 일하시면 마음으로 죄를 깨닫게 된다거나, 교회는 성례를 바르게 시행해야 한다는 등의 이야기를 곧잘 했던 아이도 있었습니다. 어떤 부모님들은 대답을 잘 못해 부담스러워하기도 했습니다. 그래서 부모님들도 같이 교육에 참여하기도 했고요.

기억에 남는 아이가 있습니다. 그 아이는 유치부 예배와 '2부 학교'에 참석하고, 점심 식사를 한 다음 오후 1시가 되면 청년부 예배도 꼭 드렸습니다. 그것도 맨 앞자리에서 말입니다. 한동안 청년부 예배에 빠지지 않고 참석했습니다. 당시 청년부 목사님의 설교가 좋기도 했지만, 그 아이 안에 말씀을 열심히 들어야겠다는 의지가 생긴 것입니다. 소요리문답을 공부하기 전에는 한 번도 그런 적이 없는, 그저 개구쟁이 남자아이였는데 말입니다.

마치며

오늘날의 교회 형편에서는 담임목회자가 아닌 임시 교역자들이 교리 교육을 하기란 참으로 쉽지 않습니다. 교회에서 사역하는 기간을 스스로 정할 수도 없고, 설령 자리를 잡게 해 놓아도 다음 교역자가 오면 이후의 교육을 장담할 수 없기 때문입니다. 물론 한번 잘해 놓으면 이후에도 교사들이나 아이들의 요구로 계속 이어질 수 있겠지만, 사실 후임 교역자가 그 부분에 준비가 되어 있지 않으면 그것도 쉽지 않은 문제입니다.

개인적으로 섬기는 아이들의 영혼을 두고 하나님 앞에 기도하는 일이 더욱 필요하다는 생각을 합니다. 하나님의 나라가 임하기를 바라는 마음과 아이들을 향한 진심이, 기도하는 시간을 통해 깊이 새겨진다고 확신하기 때문입니다. 교역자부터 마음을 지키면서, 영혼들을 진리와 사랑으로 섬기려는 동기를 더욱 깊이 새기는 일이 가장 중요할 것입니다. 자신 안에 동기가 사그라드는 것만큼 무서운 일은 없을 것입니다.

"여러분, 우리에게 맡겨진 아이들이
하나님의 말씀대로 자라나도록 함께 힘써 주세요!"

디딤돌
교리교육에 대한 교사들의 반응

본격적으로 교리교육을 시작하기 위해 교사들과 모여 미리 교리를 공부할 때, 교사들이 보인 몇 가지 반응이 있었습니다.

1) 안타까움(배우지 못한 속상함)

어디서나 나타나는 현상일 것입니다. 소요리문답 교육이 진행되면서, 교사들은 '왜 자신들은 초신자나 어린아이들에게 가르치는 이 내용을 한 번도 배운 적이 없는가?'라는 질문을 던졌습니다. 다시 말해, 이것이 교회의 신앙고백이라면 왜 잘 가르쳐지고 있지 않은지 의문을 제기했습니다. 학습이나 세례를 받을 때 의무적으로 조금 다룰 뿐인 현실을 안타까워하는 모습들이 있었습니다.

2) 더 배우고자 하는 갈망

그다음에는 자연스럽게 교리교육에 대한 갈급함으로 이어집니다. 장년들도 이러한 내용을 배워야 하며, 따라서 그런 기회가 필요하다는 것을 절감합니다. 물론 이때 교역자는 교회 전체를 생각하여 지혜롭게 대처해야 합니다.

3) 실천적인 협력

교사들은 보통 주부와 청년으로 나뉩니다. 교리 공부를 통해 동기를 부여받은 청년 교사들은 좀 더 실천적으로 협력해 주었습니다. 그들은 관련 도서들을 구입하여 읽고는 모임을 통해 깊이 나누기 시작했습니다. 특히 제가 섬겼던 교회는 '교사 대학'에 신경을 많이 썼는데, 이런 부분들과 어우러져 조직신학의 내용을 다루면서 실제로 적용하였습니다. 교사들뿐만 아니라 진리를 좀 더 알고자 하는 다른 교우들의 참여율도 높았습니다.

물론 누구보다도 교역자 자신이 잘 준비해야 합니다. 먼저 문답 내용 자체를 잘 살펴보고, 이후에 해설서를 참고하면 유익할 것입니다. 처음부터 해설서를 펼치지는 마십시오. 오히려 헤맬 수도 있습니다. 이런 면에서 흑곰북스의 『특강 소요리문답』(황희상 저, 흑곰북스)은 마인드맵을 통해 본문 전체를 미리 조망하게 하는 강점이 있습니다.

더 나누고픈 이야기

교리교육을 도입한 유치부 사례

(일산 현산교회 강정희 교사)

우리 교회 유치부는 2년 전에 담임목사님의 권유로 교리 공부를 시작하여 다음과 같이 진행했습니다.

- 시간 구성 : 전체 70분(찬양 15분, 설교 15분, 소요리문답 5분, 성경 암송 5분, 공과 공부 및 간식 30분)
- 인원 : 학생 15-20명, 교사 8명
- 반 구성 : 세 반으로 분반
- 교리 수업 방식 : 내용을 큰 소리로 따라 읽고 나서 지도교사가 내용을 설명함
- 교사 교육 방식 : 본 교회의 교사 연수 학교와 노회 강습회에 참여함

어려운 점과 대안

눈높이를 맞추어 교육하기가 쉽지 않습니다. 주께서 지혜를 주시도록 은혜를 구하면서 머리를 짜내야 합니다. 스케치북에 중요한 단어를 적거나 그림을 그려 설교하면 아이들이 집중하는 데 효과적입니다. 일방적으로 전달하기보다 적절한 질문을 던져 아이들이 대답하게끔 유도하면 함께

참여하는 기쁨이 있습니다. 큰 종이를 사용해 공동 작업도 시도해 보려고 합니다. 아이들이 어려서 쉽지는 않겠지만, 교사의 도움을 받으면 가능할 것 같습니다.

인상 깊은 일화

교회에서 들었던 성경 말씀을 집에 가서 부모님께 잘 전달하거나 들은 말씀과 연결되는 질문들을 던질 때, 아이들이 듣고 있다는 사실이 자연스럽게 확인되어 감사하고 기쁩니다. 교리를 배운 아이의 부모님이 들려준 인상적인 이야기가 있습니다. "율법은 하나님이 우리를 사랑하고 보호하기 위해 주신 것이지 힘들게 하거나 잔소리하려고 주신 것이 아니다"라고 가르쳤습니다. 그런데 어머니가 한 아이에게 어떤 일을 하라고 했더니, "엄마, 그거 나 사랑해서 엄마가 나한테 주는 율법이지요?"라고 물었다고 합니다.

교리교육을 시도하는 유치부 교사들에게 전하는 격려

먼저 교사와 아이들에게 교리의 중요성을 인식시키는 것이 중요한 듯합니다. 처음부터 욕심내지 말고 차근차근 하나씩 시작하십시오. 그러다 보면, 행복한 결과를 얻을 것입니다. "천 리 길도 한 걸음부터!" 아이들에게 일방적으로 전달하기보다 적절한 질문을 만들어 활용하면 좋습니다. 약간의 도구(사진, 그림, 관련 물건)를 사용하는 것도 적극 추천합니다. 교사가 먼저 가정 예배에서 사용해 보아도 좋을 것 같습니다.

화려한 어린이 공과 교재를 보면 어떤 느낌이 드십니까? 가르치고자 하는 말씀의 내용보다는 '놀이나 활동'만 기억에 남을까 봐 염려될 때가 있습니다. 율동곡 하나를 선택하더라도 가사와 곡조가 복음을 잘 전달하는지를 꼼꼼히 살피는 필자의 고민과 대안을 나눕니다. 특히 아이들이 즐겁게 소요리문답을 기억할 수 있도록 직접 노래를 만들어 가르치는 방법을 소개합니다.

공과 교재가 내용보다 활동 중심이면,
가르치고자 하는 말씀의 내용보다는
활동한 것들만 기억에 남지 않을까 걱정입니다.

대안이 필요합니다.
좋은 어린이 교재가 절실합니다!

02
교리문답송, 저희 노래 들어 보실래요?

류성민

소요리문답을 노래로 가르치다

저희 교회는 신앙고백서나 교리문답을 거의 접해 보지 못했습니다. 순수하게 말씀으로만 교리를 가르치려 한다면, 교사들과 아이들 모두가 다소 어려워하고 낯설어할 것이 분명했습니다. 그래서 고민하다가, 아이들이 찬양에 매우 친숙한 것 같아서 소요리문답을 노래로 만들어 부르면 좀 더 쉽게 친해지지 않을까 생각했습니다. 그러나 소요리문답 노래를 샅샅이 찾아보아도, 대부분 영어로 만들어진 것들뿐이었고, 그것을 번안해 부른다 하더라도, 곡 자체가 한국의 음악 정서와는 어울리지 않을 것 같았습니다. 그래서 직접 곡을 만들어 보았습니다.

'과연 할 수 있을까?' 저 자신도 반신반의하면서 한 곡 한 곡 만들다 보니 벌써 여덟 곡이 되었습니다. 교리교육을 시작할 때부터 소요리문답 노래를 병행한 것은 아니었습니다. 그러다가 노래로 접근하자 아이들이 교리를 조금 더 친근히 여기는 것을 느낄 수 있었습니다. 소요리문답의 내용 중에서도 가장 핵심적인 항목을 나름대로 선정하여 노래로 만들었습니다. 소요리문답 노래를 매주 보급할 수는 없어서 소요리문답 내용에 관한 주요 성경 구절을 가사로 하는 어린이 말씀송을 만들어 부르기도 하였습니다. 청년부에서도 소요리문답 교육을 하고 있는데, 소요리문답 노래를 공유하자고 제안하여 보람을 느끼고 있습니다. 앞으로도 소요리문답 노래를 계속 만들어 나갈 생각입니다.

그렇다면 아이들의 반응은 어떠했을까요? 아이들은 대부분 노래하고 율동하는 것을 매우 좋아합니다. 그래서 시중에 어린이 찬양곡들을 많이 찾아볼 수 있지요. 가사에도 굉장히 재미있는 의성어나 의태어들이 많이 담겨 있습니다. 그에 비해 소요리문답 노래는 가사부터 일단 별로 재미없고, 딱딱하고 낯설게 느껴질 것 같았습니다. 그래서 가르치려고 하면서도 약간 우려가 되었습니다. 그런데 막상 아이들은 그리 낯설어하지 않았습니다. 오히려 설교 시간에 듣고 배웠던 내용들을 노래로 만들어 부르자 꽤 신기해하고 즐거워했습니다.

소요리문답 노래를 배우고 부르는 동안 자연스럽게 노래를 외우는 아이들도 생겼습니다. 결과적으로 소요리문답을 쉽게 기억하는 효과를 낳은 것입니다. 그래서 교리를 가르치면서 질문을 던지면 아이들은 자기도 모르게 암기하고 있는 내용을 자연스럽게 대답하곤 했습니다. 그러고는 놀라워하고 재미있어했습니다. 예를 들어, "하나님이 어떤 분이라고 했지요?"라고 물으면, 즉각 "영이시며……!"라고 대답하거나, "회개가 뭐라고요?"라고 질문하면, "자기 죄를 알고 미워하는 것!" "죄에서 돌이키는 것!"이라고 답하는 등, 간략하게나마 자신이 알고 있는 대로 쉽게 대답하는 것입니다. 아이들은 어려운 것일수록 자신이 알고 대답하는 것에 굉장히 큰 보람을 느꼈습니다.

실제 현장에 어떻게 적용할 것인가?

저희 교회 현장에서 이루어지는 교육을 전반적으로 간략하게 소개하자면, 설교, 분반 공부, 주보 문제 풀이, 분기 평가, 소요리문답 노래 및 말씀송 나눔 정도입니다. 일단 주일 오전 어린이 예배 시간에 설교로 가르치는 것을 중심으로 합니다. 소요리문답을 강해하는 것입니다. 예배에 참석하는 어린이는 12-15명 정도이고, 설교하는 시간은 20분을 넘어가지 않도록 하고 있습니다. 설교는 아이들의 교재를 참고하기도 하지만, 거기에 매이지 않고 『특강 소요리문답』과 백금산 목사님의 소요리문답 강해를 주로 참고하여 준비하고 가르칩니다. 예배가 끝나면, 3명의 교사가 4, 5명의 아이들을 데리고 약 20분간 분반 공부를 진행합니다. 이때 합신교단의 소요리문답 공과를 교재로 사용합니다. 또한 설교 내용을 퀴즈로 만들어 주보에 실어 매주 숙제로 내주고, 분기마다 배운 내용을 총정리하며 평가하는 시간도 가집니다. 평가 방식으로는 개인적으로 시험을 치거나, 파워포인트를 이용하여 스피드 퀴즈나 다양한 문제 풀이 방식을 활용합니다.

> 같은 아동부 말씀 Remind Test
>
> 13. <u>비참이란</u> 무엇입니까? 아래의 단어 중에서 고르세요.
>
> 모든 인류는 타락으로 인해, ○○○과의 교제가 끊어지고, 진노와 ○○아래 있게 되었습니다. 그래서 현재 생애의 모든 비참, 죽음, ○○의 영원한 벌을 받게 되었습니다.
>
> 인간 / 저주 / 사단 / 하나님 / 사망 / 지옥 / 부모님

> 같은 아동부 말씀 Remind Test
>
> 15. 천부교, 통일교, 신천지가 이단인 가장 중요한 이유는 무엇인가요?
> (주관식)
>
> ① 나쁜 일을 많이 해서
> ② 자기네들이 최고라고 생각해서
> ③ <u>또 다른 구속자가 있다고 믿어서</u>
> ④ 믿는 사람들이 적어서

배운 내용을 복습하기 위한 퀴즈

여러 가지 방식을 응용한 교리학습

낯설음 뛰어넘기

소요리문답 교육을 도입하려고 할 때 부딪힌 가장 큰 난관은, 담임목사님과 교사들이 교리교육의 필요성을 얼마나 납득하고 인정하여 허락하느냐 하는 것이었습니다. 교리교육을 처음 접해 보는 상황이었기 때문입니다. 그래서 용기를 내 담임목사님께 말씀드리자 담임목사님은 한 번 해 보라고 허락해 주셨습니다. 저는 가장 먼저 조직신학을 가르치는 이승구 교수님과 다른 교회에서 교육을 담당하는 목사님을 모시고 교사 세미나를 열었습니다. 그렇게 교사들에게 교리교육의 필요성을 납득시킨 다음에 아이들에게 교육을 시작하였습니다.

처음 접하는 교리교육은 당연히 낯설었습니다. 어렵게 느껴질 수밖에 없었습니다. 아동부 예배에 참관하셨던 어느 장로님은 예배가 끝난 뒤에 저에게 "아이들 설교가 좀 어렵지 않나요?"라고 걱정을 표하시기도 했고, 교사들도 분반 공부를 하는 데 다소 부담을 느끼기도 했습니다. 그러나 오히려 아이들은 잘 따라왔습니다. 그래서 저는 어떻게 하면 교사들이 교리를 쉽게 이해할 수 있을지를 많이 고민했습니다.

아이들과 소통에 성공하기

처음 시도하는 교리교육에 교사들과 아이들 모두가 다소 낯설어하는 감이 있었지만, 설교할 때 욕심 부리지 않고 아이들이 반드시 알아야 할, 각 문답의 핵심을 간략하게 전달하려고 노력했습니다. 그리고 교사들과 아이들 모두가 잘 이해할 수 있는 논리와 어휘들로 표현하여 가르치려고 애썼습니다. 또한 중간 중간에 질문을 던져 생각하고 대답하도록 유도함으로써, 듣기만 하는 시간이 아니라 생각하는 시간이 되도록 힘썼습니다. 그래서인지, 몇몇을 제외하고는 대부분의 아이들이 시간이 갈수록 말씀에 집중하게 되었습니다. 교사들도 점차 적응해 갔고, 무언가 체계적인 교육이 이루어지고 있다는 생각에 스스로 보람도 느꼈습니다.

아이들의 어휘를 충분히 이해하기 위해서는 아이들과 대화를 많이 해야 합니다. 같이 놀고 뒹굴고 장난치고 대화하는 시간들이 바로 아이들의 어휘 수준을 파악하는 시간입니다. 교리교육을 시작한 지 1년 6개월이 지난 지금, 아이들은 교리교육을 하는 것에 한 번도 불평한 적이 없습니다. 가끔 "오늘 설교가 어렵지 않았니?"라고 물어보면, "아니요, 그냥 조금 길기만 했어요"라고 말하기는 하지만 말입니다.

어린이용 교회 노래의 지향점

어린이 찬양곡에 대해 말하기 전에, 모든 찬양곡들은 기독교 신앙의 올바른 내용과 언어를 담고 있어야 한다고 생각합니다. 왜냐하면 찬양이 신앙을 표현하는 수단이며, 하나님의 이름과 관련된 일이기 때문입니다(제3계명). 음악은 본래 선율, 화성, 리듬으로 구성되어 있는데(음악의 3요소), 그것들은 모두 언어적 성격을 띱니다. 즉, 음악의 구성 요소는 모두 '신앙을 표현'하는 기능을 합니다.

그런데 요즘 청년들이 좋아하는 CCM이나 어린이 찬양곡들에는 올바른 성경 해석을 담지 못한 주관적인 가사들이 많으며, 곡 자체도 매우 감성(흥미) 위주입니다. 거기에 편곡하여 다양한 악기로 옷을 입히면 음악이 매우 화려해져 주객이 전도되는 느낌을 받기도 합니다. 즉, 찬양곡의 본래 목적을 점점 잃어 가는 듯합니다. 찬양곡은 본질적으로 기독교 신앙을 고백하고 하나님께 감사를 표현하는 성격을 가지고 있습니다. 비록 음악이 우리의 삶을 매우 윤택하게 하고, 그만큼 어린아이들의 반응을 이끌어 내기 쉬운 것이라 할지라도, 본질과 기능에 대한 이해(구별) 없이 사용된다면 교회를 세속화로 이끄는 큰 촉매제가 되고 말 것입니다. 따라서 어린이 찬양곡들 역시 바른 기독교 신앙의 내용을 기준으로, 가사를 잘 검토하고 분별하여 선곡해야 합니다. 바른 진리 안에서 바른 신앙을 담아 내는 찬양곡들이 많이 만들어지기를 소망합니다.

디딤돌

소요리문답송, 불러 볼까요?

류성민 강도사가 만든 소요리문답송입니다.
장난꾸러기 아이들의 음성으로 직접 들어 보세요.

다른 노래들도 소개합니다(작곡 류성민)

1) 사람의 제일 되는 목적은

https://soundcloud.com/ryu-sung-min/kids-1

2) 하나님은 어떤 분인가요

https://soundcloud.com/ryu-sung-min/kids

3) 죄란 무엇인가요

https://soundcloud.com/ryu-sung-min/yvycupnegdpa

4) 구속자는 누구신가요

https://soundcloud.com/ryu-sung-min/song

5) 성령님께서 우리에게

https://soundcloud.com/ryu-sung-min/mt1kf69sa1as

6) 하나님께서 사람에게

https://soundcloud.com/ryu-sung-min/song-1

7) 믿음이란 무엇인가요

https://soundcloud.com/ryu-sung-min/fast

8) 생명에 이르는 회개란

https://soundcloud.com/ryu-sung-min/kids-6

더 나누고픈 이야기

남윤국 전도사의 초등부 수업 예시

1. 8분 연극으로 교회 역사 가르치기

교사들이 연극을 만들어 니케아 공의회에 대해 가르쳐 보았습니다. 놀랍게도 아이들은 연극을 보면서 초대 교회 이단의 주장을 바로 간파해 냈습니다. 자칫 어렵고 지루할 것 같은 교회 역사를 이런 방식으로 풀어 내는 교사들의 열정과 창의력에 박수를 보냅니다.

2. 소요리문답 맵 그리기

초등학생(저학년)들이 마인드맵을 그리면서 소요리문답을 정리해 보았습니다. 아이들의 작품을 보면서 어른들이 오히려 깜짝 놀랐습니다. 초등학교 저학년 어린이들도 교리의 내용으로 마인드맵을 그릴 수 있습니다. 맵을 그리는 협동 작업을 통해 흩어져 있던 교리의 내용을 맞추어 가는 활동은, 아이들이 복음을 이해하는 데 큰 도움이 될 것입니다.

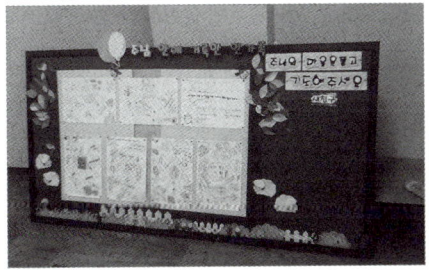

한국의 초등학생은 너무나 바쁩니다. 아이들이 소화해야 할 공부의 양이 얼마나 많은지 모릅니다. 그렇다고 주일날 교회에서 그저 쉬고 뛰어놀라고 할 수는 없습니다. 아이들도 생명의 양식인 말씀을 먹어야 하기 때문입니다. 필자는 수년간 초등학생에게 성경과 교리문답, 기독교 세계관을 가르치며 애쓰고 있습니다. 그의 교육 일지를 통해, 깊이 있는 질문을 주고 받으며 신앙과 삶이 자라 가는 아이들을 만나 보세요.

자녀들의 첫째가는 신앙교육자는
부모입니다.
어린이를 위한 교리교육에서
부모를 배제해서는 안 됩니다.

03
나의 소년부 교리교육 일지

김진곤 |

2013.1.1. 아이들에게 소요리문답을 한 번 더 가르치기로 하다

작년에는 처음이라 많이 미숙하고 부족했지만, 올해는 작년처럼 아쉬움의 전철을 밟고 싶지 않다!

2013.3.11. 지난 주일부터 기독교 세계관 학교를 시작하다

삶의 현장에서 하나님의 뜻을 이해하기 위해 모임을 한다고 소개했다. 그리고 성도로서 기독교적으로 사고하며 살게 하는 기독교 세계관이 왜 필요한지를 간략히 설명한 다음에 공부를 시작했다.
① 인간의 비참함에 대해(하이델베르크 요리문답 3문)

② 인간이 사는 목적에 대해(소요리문답 1문)

③ 구원 얻는 믿음에 대해(행위와 믿음은 어떤 관계에 있는가?)

④ 신앙생활에 대해(그저 익숙하기에 교회에 나오는 것은 아닌가? 습관적으로 예배에 나오는 것은 아닌가?)

⑤ 세속화란 무엇이며, 세속화는 교회에 어떤 영향을 미치는가?

⑥ 숙제 : 나는 하나님이 지으신 창조 세계를 어떻게 바라보고 있는가? 또한 어떤 모습으로 살고 있는가?(그것이 과연 성경에서 말하는 가치관인가?)

공부가 끝나자 한 학생이 말했다.

"벌써 한 시간이 지났어요? 진짜 시간이 금방 가네요. 지겨울 줄 알았는데 괜찮아요!"

2013.6.24. 소년부 학생의 질문

학생 전도사님, 월급이 얼마예요?

나 우리가 받는 돈은 일에 대한 수당이라는 의미의 '월급'이 아니라 생활비를 지원받는다는 의미로 '사례비'라고 한단다.

학생 그러면 그 액수가 얼마예요?

나 전도사님처럼 전임 교역자가 아니라 파트타임인 경우에는 사례비가 더더욱 많지 않아!

학생 전도사님, 아직 미혼이시지요? 결혼은 어떻게 하고, 나중에 애는 어떻게 키워요?

나   그런 질문을 하는 너는 뾰족한 수가 있니?

학생   제 생각에는 돈을 잘 버는 '사'자가 들어간 여자를 잡으셔야 할 것 같아요! 그리고 제가 지금 헌금을 천 원 하는데 앞으로는 만 원 할게요!

나   네 마음은 고맙지만, 그렇게 조건을 보고 사람을 만나고 싶지는 않구나! 그리고 네가 소년부에 내는 헌금을 내가 받는 것도 아니란다! 헌금은 소년부를 운영하고 어려운 이웃들을 돕는 데 사용되지!

학생   그렇군요. 그렇다면 앞으로는 전도사님한테 뭐 사 달라고 조르지 않을게요. 그냥 제가 사 드릴게요!

나   허허, 그래! 약속 꼭 지켜라!

2013.12.17. 꿈 풀이, 어떻게 봐야 하나요?

학생   전도사님! 사람이 꿈을 꾸면 재미 삼아 해몽을 보기도 하잖아요. 그런데 신자는 해몽이나 오늘의 운세 등을 보면 안 되는 건가요?

나   교회에서는, 점술을 믿는 행위가 올바른 신앙을 훼손한다는 점에서 피해야 할 죄라고 가르치고 있어. 점이나 운세를 보는 행위는 미래의 불행과 고통을 피하고 행복을 찾고 싶어하는 기복 신앙에서 시작되기 때문이지. 재미 삼아 점을 보는 게 반복되다 보면, 결국 점술에 의지하는 꼴이 되겠지. 꿈 풀이도 마찬가지가 아닐까 생각해. 혹시 네가 꺼림칙한 꿈을 꾸었다면, 기도하면서 주님께 은혜를 구하고, 마음을 다시금 정리하고 성찰하는 기회로 삼는 것이 좋겠구나.

학생 그렇다면 성경에 나오는 꿈 풀이는 어떻게 봐야 하나요?

나 구약성경에서는 꿈을 하나님의 계시를 전하는 수단 중 하나로 간주했단다(민 12:6; 욥 33:15 참고). 하지만 그것은 개인의 운명보다는 백성 전체의 역사와 관련이 있었지. 곧 구원사와 밀접하게 관계되어 있었던 거야. 그렇지만 신약에서는 꿈에 관한 이야기가 거의 나오지 않아. 왜냐하면 하나님의 계시가 예수님을 통해 완전히 드러났기 때문이야. 하나님과 인간을 직접 이어 줄 분이 오셨기 때문에 꿈과 같은 계시 수단이 필요 없어진 것이란다.

2013.12.23. 부모와 자녀들을 완벽하게 갈라 놓는 신앙교육 과정

날이 갈수록 유혹과 미혹이 심해지는 혼탁한 시대에 살고 있는 한국 교회들의 큰 문제는 '부모와 자녀들을 완벽하게 갈라 놓는 신앙교육 과정'인 듯하다. 부모들은 교회에 오면 아이들을 주일학교에 던져 놓고 어른 예배에 참석한다. 그렇게 부서에 아이를 맡겨 놓았다가 예배가 끝나면 아이를 찾아 돌아간다. 물론 그 짧은 예배 시간에 멋진 찬양과 율동을 곁들여 성경 말씀을 자녀에게 가르쳐 주기를 기대한다.

그러나 부모가 자녀의 신앙교육에 대해 책임을 지지 않고 남에게 맡겨 놓기만 한다면 어찌 좋은 결과를 바랄 수 있을까? 분명 부모와 자녀를 분리시키는 교회교육에 문제가 있다. 교회뿐만 아니라 가정에서도 부모들이 직접 자녀들의 신앙교육을 감당해야 한다. 신앙교육에서 가정의 역할이 얼마나 중요한지 모른다. 부모의 신앙 유무나 신앙 태도가 자녀의 신앙생활에 미치는 영향은 참으로 크다. 가정에서 이루어지는 성경 교육과 교회의 주일학교에서 목회자와 교사에 의해 이루어지는 교육이 병행되어야 하겠지만, 무게중심은 가정에 있어야 한다. 즉, 부모가 신앙교육을 주도해야 한다.

"너희는 이 세대를 본받지 말고 오직 마음을 새롭게 함으로 변화를 받아 하나님의 선하시고 기뻐하시고 온전하신 뜻이 무엇인지 분별하도록 하라"(롬 12:2). 참된 신앙은 시대에 동화되어 타락한 다수를 따라가지 않는다. 참된 신앙은 하나님의 말씀을 그대로 믿는 믿음으로 살게 한다. 사람들의 말보다 하나님의 말씀을 더 가볍게 여긴다면 신실한 믿음을 가질 수 없다.

2014.1.12. 교회에 대하여(1)

학생 전도사님! 교회가 뭐예요?

나 교회는 우리가 지금 모여 예배하는 건물이 아니라, 거룩한 백성으로 택함 받은 거룩하고 흠이 없는 자들, 죄에서 완전히 해방되고 정결하게 되어 영원히 하나님께 봉헌된 자들의 모임이야.

2014.1.13. 교회에 대하여(2)

학생　전도사님! 분명히 교회는 건물이 아니라고 하셨잖아요?
나　　그렇지. 교회는 건물이 아니지.
학생　그런데 왜 교회들마다 건물을 짓는 데 열심인가요? 얼마 전에 텔레비전을 봤는데, 교회가 건물을 멋지게 짓기 위해 은행에서 무리하게 대출을 받았대요. 그런데 교회가 그 대출금을 갚지 못해서 결국 은행에 팔렸다고 하더라고요. 제가 보기에는 남에게 뽐내고 싶어서 건물을 화려하게 짓는 것 같아요.
나　　맞아. 인간의 탐욕이 교회 건물을 짓는 데 표출된 것 같아.
학생　그리고 전도사님, 분명히 하나님은 영이시기 때문에 호화로운 건물에 사시는 것이 아니라 우리 자신, 성도들 가운데 계시지 않나요? 분명히 전도사님께서 교회 건물은 성전이 아니라고 하셨잖아요. 하나님의 영인 성령이 거하는 우리가 성전 아닌가요?

2014.1.30. 난처한 질문

예배가 끝나자 소년부 학생이 이렇게 질문했다.
"전도사님은 설교하는 대로 살고 계시나요?"
그 순간 선뜻 대답하지 못한 채 머뭇거리는 나 자신을 보았다. 커다란 망치로 한 대 맞은 기분이었다. 정말로 나는 내가 전하는 말씀을 뒷받침

할 만한 인격이나 삶의 모습을 드러내는가?

2014.3.2. 하이델베르크 요리문답으로 교리교육을 하다

묘목이 조금씩 자라 튼튼한 나무가 되듯이, 학생들도 각자의 위치에서 한 걸음씩 성장하여 그리스도의 장성한 분량까지 자라기를 소망한다. 나는 성경의 교리를 가르치는 이 길을 바른 길이라 여기며 묵묵히 걷고 있다. 혹여나 내가 진리가 아닌 다른 것을 추구하여 세상의 교훈과 풍조에 밀려 빛과 진리로부터 돌아선다면, 가르치는 나뿐만 아니라 내게서 배우는 학생들까지도 속이 텅 빈 나무처럼 메마른 껍데기 신자가 되고 말 것이다.

디딤돌
교사 교육, 이렇게 시도했습니다

저는 교회에서 아이들에게 2년째 웨스트민스터 소요리문답을 가르치고 있습니다. 그러나 그것을 함께 가르쳐야 할 교사들은 정작 장로교가 무엇을 믿고 고백하는지를 잘 알지 못하는 것이 오늘날 교회의 현실입니다. 대한예수교장로회 총회 헌법 서언은, 장로교인들이 무엇을 믿고 무엇을 믿지 말아야 할지를 분명히 해야 하며, 사람들에게 성경을 펼쳐 보여 주는 것만으로는 충분하지 않고, 진지하고도 진실한 사람이라 하더라도 성경을 읽고 나서 얼마든지 오류를 범할 수 있다는 사실 등을 전합니다.[1] 이것은 우리가 신앙고백서를 공부해야 하는 이유를 잘 보여 줍니다. 또한 그러하기에 아이들을 가르쳐야 하는 교사들은 더더욱 잘 준비되어야 합니다.

저는 교사 교육을 다음과 같은 방식으로 진행했습니다. 신앙고백서에서 하나의 주제에 포함된 항목을 두 개씩 다루되, 각주와 해설을 첨부한 인쇄물을 교사들에게 나눠 줍니다. 교사 준비 모임은 30여 분 진행합니다. 15-20분은 내용을 함께 읽고, 그날의 주제에 대해 설명합니다. 이어서

---

[1] "대한예수교장로회에서 이 아래 기록한 몇 가지 조목을 목사와 강도사와 장로와 집사로 하여금 승인할 신조로 삼을 때에 대한 예수교 장로회를 설립한 모(母) 교회의 교리적 표준을 버리려 함이 아니요, 오히려 찬성함이니 특별히 「웨스트민스터」신도게요서(信徒揭要書)=(신앙고백서)와, 성경 대소요리문답은 성경을 밝히 해석한 책으로 인정한 것인즉 우리 교회와 신학교에서 마땅히 가르칠 것으로 알며 그중에 성경 소요리문답은 더욱 우리 교회 문답책으로 채용하는 것이다"(대한예수교장로회 헌법 서언).

10-20분은 그 주제에 해당하는 질문이나 각자의 삶에서 만나는 어려움을 털어놓으며 이야기를 나눕니다. 처음에는 거의 저 혼자 질문하고 대답하다시피 했지만, 시간이 지날수록 교사들의 참여도가 높아졌습니다. 각자 신앙에 대한 고민이나, 신앙인으로서 겪게 되는 어려움 등을 토로하면서 토론의 장이 열리기도 합니다. 모임이 갈수록 더 활발해지고 풍성해지는 것을 느낄 수 있었습니다. 시간이 부족하여 더 깊이 나누지 못하는 교사들에게는 책을 빌려 주거나 추천하여 각자가 참된 신앙생활을 할 수 있도록 도왔습니다.[2]

이 모임에서도 확인할 수 있듯이, 신앙고백은 성도들을 같은 신앙으로 묶어 진정한 교회 일치를 이루게 합니다. 신앙고백은 세상과 이단과 거짓 복음에 맞서 참된 신앙과 참된 교회의 영역을 표시하는 '지계석'입니다. 따라서 우리는 신앙고백을 부지런히 배움으로써 성경의 본의를 바르게 해석해야 하고, 성경 말씀을 정확하게 이해하고 적용하여 아이들에게 전수하는 일을 게을리해서는 안 됩니다. 참된 신앙고백을 통해 우리의 교회와 신앙을 바르게 세워 나가는 일은, 변화하는 시대 가운데에서 변하지 않는 진리를 추구하는 진실한 교회와 성도에게 주어진 숭고한 책임이자 사명입니다.

---

2) 다음과 같은 책들이 있습니다. 『웨스트민스터 신앙고백&교리문답 스터디북』(조셉 파이파, 부흥과개혁사), 『웨스트민스터 신앙고백 해설』(R. C. 스프롤, 부흥과개혁사), 『웨스트민스터 신앙고백서 강해 + 웨스트민스터 신앙고백서 해설』(G. I. 윌리암슨, 곧든 H. 클락, 개혁주의신행협회), 『웨스트민스터 신앙고백』(이광호, 교회와 성경). 그리고 기독교 개혁신보에 연재되는 김병훈 교수(합동신학대학원대학교 조직신학)의 신앙고백 해설도 도움이 됩니다.

더 생각해 보기

주일학교의 기원과 교회교육의 회복

주일학교, 언제부터 생긴 것일까?

한국에서 교회 생활을 하는 사람들은 대부분 주일학교에 다닌 경험이 있을 것입니다. 주일학교에서는 또래 친구들과 모여 앉아 예배하고 함께 성경을 공부하며 친밀하게 교제할 수 있습니다. 그러다가 나이가 들면 주일학교를 졸업하고 어른들과 함께 예배하는 것이 우리의 일반적인 모습입니다.

그렇다면 주일학교라는 제도가 언제부터 시작되었을까요? 불과 200년 정도밖에 되지 않습니다.

지금과 비슷한 모습의 주일학교는 18세기 영국에서 처음 도입되었습니다. 18세기 영국 하면 떠오르는 단어는 아마도 '산업혁명'일 것입니다. 1780년, 영국의 로버트 레이크스(Robert Raikes)라는 사람은 일요일을 제외하고는 매일 공장에 다녀야 하는 청소년들이 자꾸 범죄에 빠지는 것을 보고서 한 가지 묘안을 떠올렸습니다. 주일에 글을 읽고 쓰는 기본 교육과 종교 교육을 실시하기로 마음먹은 것입니다. 그렇게 하면 청소년들이 범죄에 빠지지 않게 되리라고 확신했던 것입니다. 그리하여 몇몇 사람들과 협력하여 주일학교를 열고, 성경과 교리를 가르치기 시작했습니다(당시만 해도 서양은 국가 차원에서 기독교를 믿었기 때문에 이와 같이 사회 봉사적인 차원에서 종교 교육을 할 수 있었습니다). 그렇게 30여 년이 지나자 수십만 명의 영국 어린이들이 주일학교에 다닐 정도가 되었다고 합니다.

글을 배우지 못한 아이들을 가르치고 그들에게 성경 말씀을 전하기 위해 시작된 주일학교는 미국으로 건너가 교회 밖이 아니라 교회 안의 교육 과정으로 자리 잡게 되었습니다. 그것이 우리나라에도 그대로 뿌리내렸습니다. 그런데 이렇게 주일학교가 사회의 필요에 따른 '봉사'에 머무르지 않고 교회의 교육제도로 자리 잡으면서 한 가지 문제가 생겼습니다. 온 가족, 온 교회가 함께 드리는 공예배가 사라져 가는 것입니다.

산업혁명 시대도 아니고 어린이와 청소년들의 자유도 많이 보장되는 오늘날 여전히 주일학교가 필요한 이유에 대해, 어떤 사람들은 어른들이 예배할 때 아이들이 있으면 집중하기 힘들기 때문이라고 말합니다. 또 어떤 사람들은 사람이 자라면서 연령과 눈높이에 맞추어 성경을 공부하고 예배하며 설교를 듣는 것이 좋기 때문에 주일학교가 반드시 있어야 한다고도 말합니다.

부패한 로마 가톨릭으로부터 종교개혁을 감행했던 당시, 개신교 교회는 온 성도가 함께 드리는 예배를 매우 중요하게 생각했습니다. 물론 교리 교육도 빼놓을 수 없습니다. 그들은 예배한 후에 집으로 돌아가, 일주일 동안 가정에서 가족과 함께 예배하고 성경을 공부하며 찬양하고 기도하였습니다. 그렇게 엿새 동안 죄를 멀리하고 하나님의 말씀을 숙고하면서 살도록 가르쳤습니다.

교회 전체가 든든하게 서기 위해서는 온 교인이 한 분 하나님의 말씀으로 일치되어야 합니다. 각 연령별로 서로 다른 말씀을 접하고, 해결되지 않는 의문들을 쌓아 놓은 채로 교회 및 가족 구성원들이 자기 생각, 자기 신앙대로 생활해 나간다면, 그 교회는 말씀 앞에 견고히 서기가 어려울 것입니다. 교회의 정체성은 예배에서 드러나야 합니다. 주일학교와 거기서 이루어지는 교육은 성도가 예배를 잘 드릴 수 있도록 돕는 수단일 뿐입니다. 그런데 어느새 주객이 전도되고 말았습니다. 이런 관점에서 한국 교회의 주일학교 제도를 '당연한 것'이라기보다는 수정되고 보완되어야 할 제도로 보아야 할 것입니다. 더불어 그 정신이 희미해져 가는 공예배가 교회에 확고하게 자리 잡혀야 할 것입니다.

교회교육 회복을 위한 공예배의 회복

종교개혁 시대에 작성된 개혁자들의 글과 성경 주석을 읽어 보면, 이단을 경계하면서 복음을 잘 전수하라고 당부합니다. 이때 교회가 수호하고 후대에 전해야 할 복음이 곧 교리임을 알 수 있습니다. 이러한 교리를 전수하기 위해서는, 잘 배우고 잘 가르치는 '교육'이 교회에서 잘 이루어져야 합니다.

교리교육의 회복을 위해, 교리를 어떻게 가르칠 것인가 하는 것도 중요합니다. 그와 더불어 시야를 좀 더 넓혀 교회교육을 유지하는 틀인 교회학교 체제 그 너머를 살펴보는 것도 좋을 것입니다. 사실 교회교육을 정상화하는 데 '공예배의 회복'은 빼놓을 수 없는 주제입니다. 원래 기독교인들은 교회에 속한 모든 성도가 한자리에서 함께 예배했습니다. 화란과 독일, 스코틀랜드 등의 개혁교회들에서는 지금도 여전히 공예배 전통을 지켜 가고 있습니다. 공예배를 드리고 나서 아이들은 별도로 주일학교에 모여 교육을 받는 것입니다.

교육적인 측면에서 볼 때, 부모와 자녀가 함께 예배하면 지속적인 교육이 가능해집니다. 부모와 자녀가 같은 말씀을 듣는다면, 가정에서 그 말씀에 대해 묻고 답할 수가 있습니다. 신앙에 대해 공통된 주제를 찾고 그것에 관해 대화하다 보면 자연스럽게 교육이 이루어집니다. 식사 시간에 잠깐 말씀에 대해 이야기 나누고 각자의 삶을 돌아보는 것만으로도 가정 예배가 됩니다. 이러한 시간들이 쌓이고 쌓이면 자녀들에게 신앙을 전수할 수 있습니다.

그렇다면 우리의 현실을 돌아봅시다. 주일 아침에 교회에 들어서는 순간, 부모와 아이는 각각 다른 공간으로 흩어집니다. 일주일에 한 번 만나는 교사에게 자녀의 신앙교육을 오롯이 위탁하고 있습니다. 교회교육이 자연스럽게 가정으로 이어져 교육 효과가 더욱 강화되는 것이 아니라, 단절되고 맙니다. 부모는 자녀가 무엇을 배우는지 잘 알지 못하고, 자녀는 자라면서 어른들이 드리는 예배의 분위기를 몹시 생소해합니다. 이처럼 공예배가 빠진 주일학교 제도가 오히려 세대 간에 이어지던 교육을 부리시키고, 한몸이라는 공동체성을 희미하게 만들고 있는 것은 아닌지 생각해 보아야 합니다. 어른들과 함께 예배하는 아이들은, 부모와 떨어져 주일학교에서만 예배하는 아이들에 비해, 일단 예배에 대한 태도가 확실히 다릅니다. 물론 아이들이 공예배에 함께 참석하려면, 교회 성도들은 예배에 집중하는 데 다소 소란스러운 것을 감내해야 하고, 아이들도 오랫동안 훈련해야 합니다. 하지만 이 훈련 기간이 끝나고 어른들과의 예배가 자연스러워지면 너무나 큰 유익을 얻을 수 있습니다.

나이와 상관없이 하나님의 한 백성임을 늘 인식할 수 있고, 어린아이의 연약함을 인내하면서 모두가 한 지체라는 공동체성을 회복할 수 있습니다. 또한 함께 예배하는 교회의 어른들이나 다른 가족들과 더 친밀해집니다. 함께 견디기 때문입니다. 같은 공간에서 예배하던 아이가 세례를 받고 성찬에 참여하는 것을 지켜보면서 언약 백성으로 자라 가는 모습을 확인하는 것은, 참으로 커다란 기쁨으로 다가올 것입니다.

더 생각해 보기

어느 초등학교 4학년 어린이의 설교 노트 정리

제가 다니는 교회에서는 어린아이들을 포함하여 전 교인이 함께 예배를 드립니다. 아이들은 공예배를 마치고 나서 담당 교사가 기다리는 주일학교로 갑니다. 또한 목사님은 초신자나 어린 성도들을 배려하여 설교문을 나누어 줍니다. 물론 설교문을 그대로 읽지는 않고 여기에 살을 보태거나 강조할 부분에 대해 좀 더 설명합니다.

어느 날 제 옆 자리에 앉은 아이가 설교문에 열심히 필기를 하고 있었습니다. 초등학교 4학년 아이가 목사님의 설명을 듣고서 설교 본문과 연결해 가며 핵심적인 내용들을 적고 있었던 것입니다. 또래의 다른 아이들도 마찬가지입니다. 어릴 때는 졸거나 몸을 뒤척이곤 했던 아이들이 어느새 부모와 다른 어른들과 함께 예배할 만큼 이렇게 자란 것입니다.

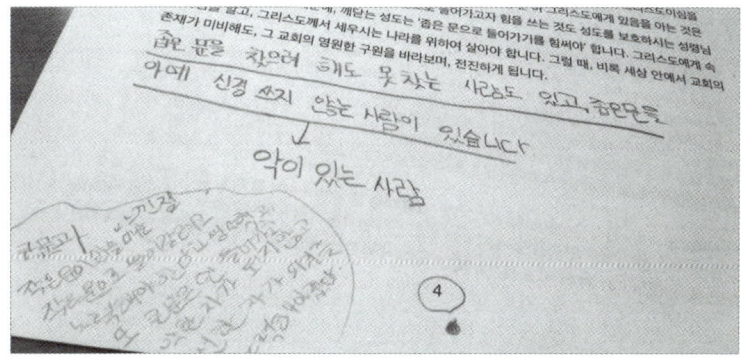

어릴 적 다니던 교회에서는,
교사회의를 할 때 학생 대표도 참석했습니다.
한 번은 학생 대표였던 저에게 회의록을 작성하라고 해서
선생님들이 발언할 때 맥락을 놓치지 않으려고
초긴장 상태로
회의록을 적었던 기억이 납니다.

아이들이 받아 적고 있으니
교사들도 허튼소리를 하지 않았습니다.

지금 생각해 보면,
그것이 다 교회론을 배우는 과정이었습니다.
어른들의 회의에 참석하면서,
단순히 '이렇게 하면 좋겠다' 하고 생각하던 것이
'다각도로 생각해야 하겠다'라는 쪽으로
변해 갔습니다.

02

중등부

서성욱 | 교리 토론 연합 수련회를 기획하다
문지한 | 교리반을 모집합니다!
김일호 | '교리 신비주의'를 넘어서

내가 만난 교리 이야기

좋은 것을 다 거두어 가신 하나님, 그리고 그때……

_서성욱

중학생 시절을 보내며 – '하나님이 정말 좋아'

'좋으신 하나님.' 하나님이 좋으시다는 사실에는 의심이 없었습니다. 학교를 마치면 집으로 달려가 기타를 메고 교회로 향하곤 했습니다. 기도실에 혼자 앉아 찬양하고 기도했고, 가만히 누워서도 하나님을 생각했습니다. 거의 매일 두 시간씩 그렇게 하나님과 교제하는 시간을 가졌습니다. 특별한 이유가 있지는 않았습니다. 그냥 하나님이 좋았습니다. 나의 중학생 시절은 친구나 학교, 유행하는 컴퓨터 게임보다, 교회가 좋고 찬양하는 것이 좋았습니다. 나는 정말로 하나님이 좋았습니다.

고등학생 시절을 보내며 – '하나님의 영광을 위해서라면!'

나는 실업계 고등학교로 진학했습니다. 하나님의 영광을 위해 무언가를 잘하고 싶었기 때문입니다. 정말 그것뿐이었습니다. 내 삶이 그렇게 되면 충분하다고 생각했습니다. 음악을 전공하여 찬양 사역자가 되고 싶었습니다. 음악을 배우려면 인문계보다는 실업계가 낫다고 생각했습니다. 그런데 그곳에 가서 나는 기능 대회를 준비하는 기능 선수가 되었습니다. 기능 선수가 되면 수업도 빠진 채 하루 종일 연습하고, 방학이나 명절도 없이 훈련만 합니다. 거기에 발탁된 것입니다. 조금 고민하긴 했지만, 아무것도 모르면서 하겠다고 했습니다. 전국 대회나 국제 대회에서 상을 타면 하나님을 영화롭게 할 수 있으리라고 생각했기 때문입니다.

그렇게 시작한 선수 생활은 굉장히 어렵고 힘들었습니다. 선배들은 내가 주말마다 교회에 간다는 이유로 나를 때렸습니다. 나중에는 이유도 없이 매일 맞았습니다. 고등학교라고 할 수 없을 정도로 심하게 맞았습니다. 너무나 힘들어서 잠자리에 들 때마다 울었습니다. 그래도 나는 하나님을 사랑하니까, 하나님의 영광을 위해 이 정도는 참아 내야 한다고 생각했습니다. 그리고 열심히 노력한 결과, 학교에서 전에 없던 좋은 성적을 냈습니다. 그렇게 나름대로 어려움을 버티면서 학창 시절을 보냈습니다. 물론 방황할 때도 있었지만, 하나님을 사랑하며 그분의 영광을 위해 집중한 시간이 훨씬 많았습니다. 그런데…….

역경의 터널을 지나며 – '좋은 것을 모두 빼앗아 가시다'

집안에 문제가 터지더니 그 문제가 점점 커져만 갔습니다. 아버지께서 모든 기대를 걸고 투자하신 사업이 사기를 당한 것입니다. '빚'이라는 것이 생겼습니다. 우리 다섯 식구는 살던 집에서 나와 단칸방에서 살아야 했습니다. 엎친 데 덮친 격으로 아버지의 몸에서 암세포가 발견되었습니다. 병원에서는 나을 방도가 없다고 했습니다. 상황이 심각해졌습니다. 공부를 꽤 잘했던 누나도 어쩔 수 없이 어머니와 함께 공장에서 아르바이트를 하기 시작했습니다. 나도 가고 싶은 대학에 합격했지만 입학을 생각할 수조차 없었고, 역시 공장에서 일해야 했습니다. 그러다가 결국 내가 가족 대표로 아버지를 간병하기로 했습니다.

우리 가정은 행복했고, 열심히 살았으며, 나누고 베푸는 가정이었고, 가정 예배도 드렸습니다. 그런데 어느 순간 이 세상 그 누구보다 불행해진 것 같았습니다. 할 수 있는 노력을 다해 보았습니다. 기도원에도 다녀 보고, 유명한 목사님의 기도도 받아 보았습니다. 능력 있다는 분을 집에 초청하기도 했습니다. 정말 그 '능력'이라는 것이 간절했는데, 아무런 변화도 일어나지 않았습니다.

교리를 처음 접하면서 – '의심에서 확신으로 돌아서다'

'선하신 하나님, 좋으신 하나님, 우리의 기도에 응답하시는 하나님.' 이러한 말들은 나에게 도저히 설명되지 않는 진리가 되어 갔습니다. 기도 역시 현실 앞에서 무능하게만 느껴졌습니다. 나는 처음으로 하나님에 대해 궁금해졌습니다. 그래서 아버지를 간병하면서 성경과 기도에 관한 책 한 권을 읽기 시작했습니다. 하나님의 선하심을 설명해 보라는 식이었지만, 한편으로는 지푸라기라도 잡고 싶은 심정이었습니다. 그렇게 읽기 시작한 책에는 뜻밖에도 상당히 교리적인 내용이 담겨 있었습니다. 기도에 대해 알려 주리라 기대했지만, 하나님의 주권과 뜻에 대한 설명이 훨씬 많았습니다. 나는 처음으로 '하나님의 주권'이라는 것을 알게 되었습니다.

하나님의 주권 교리는, 나의 상황으로 하나님의 선하심을 해석하려 했던 어리석음을 멈추고, 하나님의 선하심으로 나의 상황을 해석하게끔 해 주었습니다. 그것은 참으로 신뢰할 만했습니다. 그것이 성경 전체를 파악하고 해석한 데서 나온 증언이었기 때문입니다. 다른 어떤 사람의 증언이나 간증보다도 믿을 만했습니다. 하나님에게서 버림받은 것 같던 우리 아버지와 가정의 상황이 하나님의 선하신 손길이었다니……. 믿지 못할 놀라움을 넘어, 가만히 앉아 있을 수 없을 만큼 기뻤습니다. 누가 보면 제정신이 아니라고 했을 것입니다. 죽을 고비를 넘고 있는 아버지를 간호하는 자식이 기쁨을 참지 못하고 중환자 대기실을 뛰쳐나가 병원 주위를 뛰었으니 말입니다. 마음으로 거듭 '감사합니다'를 연발했습니다. 내가 교리를 처음 만난 날이었습니다.

그때부터 중환자 대기실에서의 생활에 몇 가지 변화가 일어났습니다. 먼저, 하나님을 알기 위해 책을 사서 읽기 시작했습니다. 나에게는 수련회에서 '하나님을 만났다' 싶은 사건이 수도 없이 많았습니다. 그런데 상상 속에서 인자한 이미지로 그려 냈던 그분이 정말 하나님이 맞았는지! 내가 가졌던 신앙에 대한 회의와 배신감이 들었습니다. 나는 처음부터 다시 시작해야 했습니다. 하나님을 바르게 알아야 하겠다는 생각뿐이었습니다. 20년째 교회에 다니고 있었지만, 신앙 서적을 내 손으로 구입한 것은 처음이었고, 나에게 하나님에 대한 설명이 필요하다고 느낀 것도 처음이었습니다. 책의 내용은 생소했지만, 나를 지속적으로 감동시켰고, 이따금 감사와 기쁨이 북받쳐 오르곤 했습니다. 다시금 그때를 떠올려 보면, 당시의 기쁨은 하나님을 바르게 아는 데서 비롯된 것이었습니다.

내 상황에 대한 감사와 사랑도 커져 갔습니다. 하나님을 참되게 아는 것은, 무엇보다도 감사로 이어졌습니다. 나는 자주 아버지를 안고서 행복하다고 말했습니다. 상황은 좋아지지 않고 점점 더 나빠졌지만, 그 가운데서 감사와 행복을 누릴 수 있는 은혜가 있었습니다. 아버지는 결국 돌아가셨고, 상황은 지금도 여전합니다. 그렇지만 하나님의 선하심이 내 삶을 주권적으로 인도하셨다는 사실에, 상황을 뛰어넘어 기뻐할 수 있습니다. 이해할 수 없었던 어려운 상황들은 하나님의 선하신 뜻에 따라 나를 온전하게 하시는 그분의 은혜였습니다. 나는 중학생 때보다 지금 하나님을 더 사랑합니다. 내 삶을 던지고 투자하여 훌륭한 업적으로 하나님께 영광을 돌리려 했던 고등학생 때보다, 아무도 부러워하지 않는 지금 하나님을 더욱 즐거워하며 삽니다. 여전히 나에게 문제가 일어나고 부족함이 있지만, 하나님의 선하신 손길은 그치지 않으며 마지막까지 나를 인도하실 것입니다. 나는 그것을 믿습니다.

현재진행형 – '교리를 살피고 나누다'

교리는 신앙의 내용을 설명할 뿐 아니라 우리 삶의 작은 부분까지도 해석해 냅니다. 나는 지금도 누군가 찾아와 "고민이 있어요"라고 말하면, 그 문제가 교회 생활에 관한 것이든 일상생활에 관한 것이든 간에 먼저 교리를 살펴보라고 권합니다. 물론 성경의 교리를 믿는 것은 성령 하나님의 일하심 덕분입니다. 또한 교리적 지식이 그 사람의 모든 것을 해결해 준다거나 모든 것을 감당할 힘을 준다는 것은 아닙니다. 그러나 내가 할 수 있는 최선의 방법이 교리를 설명해 주는 것입니다. 참된 믿음은 하나님을 바르게 아는 지식에서 비롯되며, 그것을 온전히 믿는 것입니다. 바른 믿음은 우리로 하여금 하나님께 감사하며 그분을 사랑하고, 우리의 삶을 온전히 이해하게 하며 선을 행하게 합니다. 여기에는 논쟁의 여지가 없습니다. 그래서 나는 교리를 가르치고 설명하고 함께 공부하는 일에 가장 큰 관심을 쏟습니다. 아무리 바쁘고 힘들어도, 교리를 가르쳐 달라는 요청에 거절한 적은 단 한 번도 없습니다. 내 삶에서 교리를 살피고 함께 나누는 일은 언제나 현재진행형입니다.

'교리 토론회?' 청소년을 대상으로 하는 수련회에서 교리 토론회를 했다는 이야기를 듣고서 좀 의아했습니다. 사춘기 아이들에게 교리를 가르치는 것도 쉽지 않은 시도인데, 무려 토론이라는 방식을 사용했다니 말입니다. 게다가 중고등부 연합 수련회였습니다. 개교회 중심주의가 강한 요즘 교회들이 힘을 합쳐 교리를 가르치다니요! 현재 SFC 간사로 활동하고 있으며, 기독교 교육과 대안학교에 관심이 많은 필자에게서 그 비결을 들어 보세요.

교회마다 상황이 다를 수 있으니
'이렇게 합시다!'라고 답을 제시할 수는 없지만,
'교리교육을 합시다!'라고 제안할 수는 있습니다.
아는 것이 없고 뚜렷한 길이 보이지 않아도,
지금 시작하는 것이 중요합니다.
교리를 가르쳐야 한다는 사실!
그것은 분명한 답이니까요.

01
교리 토론 연합 수련회를 기획하다

서성욱 |

　제가 처음부터 소요리문답에 대한 전체적이거나 깊은 이해를 가지고 교리교육을 시작한 것은 아닙니다. 그저 '학생들이 교리를 배워야만 한다. 그것이 옳다'라는 생각으로 시작했습니다. 교리의 필요성을 알고 있는데도 내용을 배울 기회는 없었습니다. 어떻게 가르쳐야 하는지도 몰랐습니다. 정말 아무것도 모르고 시작했습니다. 그래서 소요리문답을 강해한 책을 사서, 다음 주 분량의 해설을 읽고 공부한 다음에 그것을 요약해 주일에 그대로 가르쳤습니다. 겁도 없이 뛰어들었기 때문에 겁도 없이 52주 과정의 소요리문답 교육을 마무리할 수 있었습니다. 그렇게 한두 해를 보냈습니다. 정말 쉽지 않았습니다. 학생들은 이미 도덕적인 교훈이나 재미있는 이야기, 자기를 위로해 주는 내용 등에 익숙했고, 그래서 무척이나 힘들었습니다. 아마 자신감이나 기대감이 컸다면, 절망하고 포기했을 것입니다.

그러다가 지역의 가까운 교회와 연합으로 수련회를 진행하게 되었습니다. 기존에 해 오던 집회 형식이 아니라 토론회 형태로 수련회를 진행하기로 했습니다. 수련회의 목적은, 신앙이 삶과 분리되는 것이 아니라 모든 삶의 원리임을 인식시키는 것이었습니다. 그래서 대중문화에 관한 주제를 네 가지로 정하여 네 번의 토론회를 진행했습니다. 어설픈 점도 있었지만, 대체로 만족스러웠습니다. 학생들의 반응도 좋았을 뿐만 아니라, 교육을 담당하는 교역자가 학생들의 이해 수준을 평가하는 데도 좋은 기회가 되었습니다. 계속해서 이런 수련회를 기획하자는 의견이 나왔습니다. 그래서 그다음 해에는 구원론을 주제로 삼아 토론 수련회를 진행했습니다.

수련회를 마치고 나서 두 교회가 함께 모여 평가회를 했습니다. 그리고 학생들이 신앙의 내용을 어떻게 이해하고 있는지를 확인하고 점검할 수 있었다는 측면에서 교리 토론 수련회가 가치 있었다고 평가하였습니다. 그러한 '수련회 평가'는 곧 '교회교육에 대한 평가'가 되었고, 앞으로 이어질 교회교육의 '과제'와 '방향' 등을 함께 고민하도록 이끌었습니다. 이를 계기로 두 교회는 교회교육을 위해 다음과 같이 연합하기로 합의했습니다.

연합 수련회 운영 원칙

1. 수련회는 '신앙 체험'이 아니라 '신앙 교육'의 장이 되어야 한다.
2. 그러기 위해서는 교회교육과 무관한 수련회가 아니라 교회교육의 연장선에서 수련회가 진행되어야 한다. 이런 맥락에서 여름 수련회는 상반기에 이루어진 교회교육을 요약 및 정리하고 평가하는 기회가 되어야 한다.
3. 지역교회는 교회교육의 책임을 외면하고 다른 누군가에게 위탁하려고 해서는 안 되며, 책임감을 가져야 한다.
4. 연합 수련회를 진행하기 위해서는 두 교회의 교육 내용이 공통되어야 한다. 따라서 두 교회는 교육의 목적과 내용을 통일한다.
5. 교육 교재는 두 교회가 함께 교육의 목적과 내용과 방향을 담아 직접 만들어 사용한다. 교재는 1주 분량을 만들되, 교육 2주 전에는 완성한다. 1년이 지나면 그간의 교재들을 모아 다시 편집하고 엮기로 한다.
6. 이 연합은 단순히 학생 수련회가 아니라 전체 성도들의 교육을 위한 것이다.
7. 두 교회의 연합을 위하여 월 1회 회의한다.

교회교육을 위한 교사회의 – 변화가 시작되다

두 교회는 매월 모일 때마다 교회교육을 위해 진술하게 고민을 나누고, 계획을 세웠습니다. 이 모임에서는 담임목사, 부목사, 전도사 할 것 없이 누구의 의견도 무시되지 않았습니다. 그리고 단순히 교회교육의 방법에 대해서만 고민하는 것이 아니라 교회론에 대해 고민하는, 정말 귀한 시간이 되었습니다. 뿐만 아니라 여기서 나온 이야기들을 교회교육에 적용하기 시작했습니다. 유치부, 초등부, 중고등부, 청년부, 학부모 교육의 전체적인 통일성을 점검하고, 커리큘럼을 새롭게 만들었습니다. 교사 세미나에서 교리교육의 필요성을 강조하고는 하이델베르크 요리문답을 가르치기 시작한 교회도 있었습니다.

놀라운 경험이었습니다. 교리 토론 연합 수련회를 통해 두 교회가 교회의 본질에 대해 고민하고, 교회 전체의 방향성을 결정하게 되었습니다. 이러한 결과를 낳았다는 것이 참으로 놀랍고 감사했습니다. 올해는 각 교회에서 하이델베르크 요리문답 중 십계명 부분을 제외한 나머지 부분을 다루고, 수련회에서 십계명을 가르칠 예정입니다. 그래서 이번 여름에 있을 토론 수련회의 주제는 십계명입니다.

교리를 지속적으로 가르칠 수 있었던 원동력

무턱대고 시작한 교리교육이라서 어려운 점이 많았지만, 다음과 같은 원동력이 있었기에 지속할 수 있었습니다.

교리의 영광스러움을 먼저 맛본 교사들

현재 한국의 교회교육 체계에서는 교사들의 역할이 굉장히 중요합니다. 왜냐하면 교사에 대한 의존도가 굉장히 높기 때문입니다. 보통 설교 후에 흩어져 공과공부를 합니다. 이때 학생들과 직접 소통하는 것은 교사들의 몫입니다. 교육의 내용이 아무리 유익하다 하더라도, 교사들이 학생들과 소통하기 어렵다면 거부되기 마련입니다. 그러하기에 교리교육을 시작하면서 교사의 동의를 구하는 것이 첫 번째 과제였습니다.

이 문제를 어떻게 해결할까 고민하다가, 교사들이 실제로 교리를 접해 보고 그 소중함을 경험해야 하겠다고 생각했습니다. 마침 교사들이 대부분 대학생과 청년들이었기 때문에 대학 청년 모임에서 먼저 교리 공부를 시작했습니다. 그러자 교사들이 교리의 중요성을 깨닫게 되었습니다. 그리고 교재를 쉽게 만들어 학생과 소통하고 가르치는 데 용이하게 하고자 노력했습니다. 공과 교재를 만들면서 배운 내용을 복습할 수 있었기 때문에 처음 시작하는 교사들은 물론 저에게도 유익했습니다.

물론 때로는 몹시 지치기도 했습니다. 한번은 교사 모임을 하면서 '웨스트민스터 소요리문답 교육을 계속 진행해도 될까' 하는 회의가 들고 지친다고 털어놓았습니다. 그러자 오히려 교사들이, 힘들 것을 예상했고 소요리문답을 다 마친 후에 평가하기로 하지 않았느냐며, 용기를 주었습니다. 교사들의 마음을 확인한 이후 다시는 그런 생각을 하지 않았습니다. 교사들을 설득하고 그들과 함께했던 것이 무엇보다 큰 힘이었습니다.

교리교육을 지속하기 위해 필요한 교육 철학

옳다는 것과 필요하다는 것이 교육의 내용과 방향을 결정해야 한다는 원리를 놓치지 않으려고 노력했습니다. 효과와 반응, 즉 열매는 무엇을 기준으로 삼느냐에 따라 굉장히 달라집니다. 교리를 가르치는 동안 교회 안에는 걱정하는 분들도 있었습니다. 불만도 있었고, 나름의 기준으로 교회학교를 평가하는 것 때문에 힘들기도 했습니다. 그러나 교육을 담당하는 사람들에게는 그러한 평가에도 굴하지 않고 묵묵히 나아가는 고집이 필요한 듯합니다.

교회가 교리교육을 왜 하는지, 그 목적에 따라 지속 여부가 결정될 것입니다. 교회를 성장시키는 수단으로 교리교육을 시작한다면, 그것마저도 유익할 수는 있겠지만, 과연 얼마나 지속할 수 있을지 모르겠습니다. 그래서 교리교육을 시작할 때, 교사들이나 교육과 관련된 사람들과 함께 '교회가 무엇인지'를 살펴보면 유익하리라 생각합니다. 해가 거듭될수록 교리교육에 대한 확신이 더욱 견고해지고 분명해졌습니다.

지역교회와의 연합

앞서 언급한 토론 수련회는 모든 참여자들에게 교리교육의 필요성을 공식적으로 보여 주었습니다. 그리고 그 이후의 연합 모임은 교리를 가르치는 일에 협력하고 어려운 점들을 함께 해결해 가며, 서로의 교회를 위로하고 격려하는 역할을 했습니다. 또한 이 모임은 교회와 교회 간의 연합이었기 때문에, 교회의 교육 부서 담당자뿐만 아니라 담임목사님들도 함께 교회교육에 대해 고민하게 했습니다. 담임목사님의 든든한 후원과 지도는 참으로 큰 힘이 되었습니다.

교육 평가

교육 철학과도 관련이 있겠지만, 다시금 언급합니다. 출석 인원이나 등록 인원을 교육을 평가하는 기준으로 삼았다면, 교육의 내용이 달라졌을 것입니다. 교리교육을 통해 학생들이 많이 늘지는 않았습니다. 안타까운 일이지만, 재미없다고 말하면서 근처의 재미있는 교회로 옮겨 가는 학생도 아주 가끔 있었습니다. 그러나 토론 수련회 때 학생들이 생각하고 말하는 것을 보면서 교리교육이 참으로 유익하다는 것을 알 수 있었습니다.

평소에 질문을 하거나 아는 것에 대해 말해 보라고 하면, 학생들은 좀처럼 대답을 하지 않았습니다. 그래서 가르친 내용을 잘 이해하고 있는지 평가할 방법이 없었습니다. 그런데 토론 수련회 때 학생들이 교리의 내용과 연관 지어 생각하는 것을 확인하고는 용기를 얻었습니다. 그리고 교리를 가르친 지 3년째 되는 지금, 아이들은 대답하고 이야기하기 시작했습니다. 새롭게 등록하고 처음 교회에 왔는데도 잘 이해하고 성숙하게 반응하는 학생들도 있습니다.

아이들의 성장과 건강한 교회를 위한 인내

교리교육을 시도하는 사람에게 가장 큰 유혹거리는, 재미와 보람, 즉 아이들의 '반응'일 것입니다. 그러나 장기적인 안목이 필요합니다. 당장 아이들이 반응하고 이해하여 교리를 가르치는 일이 재미있어질 것처럼 기대하지만, 사실 반응이 없고 재미없을 때가 대부분입니다. 교재를 만들고 편집하느라 밤을 샐 때도 많습니다. 그에 비해 되돌아오는 반응이 보람 없는 듯하여 힘들 때가 많을 것입니다. 그러나 시간이 지나면, 어느덧 자라고 있는 학생들을 보게 될 것입니다. 당장 열매가 보이지 않으면 더 지나서 보고, 그보다 더 지나서 보면 분명히 교회가 건강하게 세워져 있을 것입니다.

정작 교육 담당자들을 가장 지치게 만드는 것은, 아이들에게 교리를 가르쳐도 집으로 돌아가면 말짱 도루묵이 되어 온다는 것입니다. 부모의 세대가 교리를 배워 본 적이 없기 때문입니다. 그래서 우리는 학생들뿐만 아니라 부모들도 교육의 대상으로 여겨야 합니다. 교회에서의 신앙교육과 가정에서의 신앙교육이 통일되어야 합니다. 이것이 지금 저의 목표이기도 합니다.

디딤돌

중고등부 연합 수련회 기획안 예시

서성욱 전도사님이 교역자 및 교사들과 함께 만든 수련회 기획안을 제공합니다. QR코드를 클릭하시면 해당 파일을 내려받으실 수 있습니다.

다양성 위에 뿌려지는
우리의 아름다운 이야기   **팥빙수 Ⅱ**   중고등부 여름수련회

1. 일   시 : 2013년 7월 21일(주일) 저녁 6시-24일(수) 오전 10시

2. 장   소 : 구미동광교회 본당 및 각 교실

3. 참여 교회 : 구미동광교회, 약목제일교회

4. 참여 인원 : 약 50명

   (목회자 6명/ 교사 약 4명/ 도우미 약 2명 등 총 12명 포함)

5. 주   제 : 구원

6. 준비물 : 수건, 담요, 스마트폰 등

7. 일정

시간	21일(주일)	22일(월)	23일(화)	24일(수)
am 6:00-6:30		기상	기상	기상
6:30-8:30			기상체조	기상체조
8:30-9:30		아침식사 및 세면		식사(9:00-)
9:30-10:00		마인드맵 그리기[1]	UCC 컴뱃	시상식
10:00-12:00		UCC-I [2]	AGORA [4] 구원	
pm12:00-1:00		점심식사		
1:00-3:00		UCC-Ⅱ [3] production 주제별영상제작	특강 [5]	
3:00-3:30		간식 및 ice breaking		
3:30-5:30		UCC-Ⅱ production 주제별영상제작	간증 [6]	
5:30-6:30	등록(6:00-)	저녁식사		
6:30-7:30	OT 및 조편성	조별 준비(Ⅳ)	찬양	
7:30-9:00	워밍업 게임 (7:00-)	찬양	말씀	
	찬양	말씀		
9:00-10:00	간식파티	야소전 GaG In Night	야체전 Sports In Night	
10:00-11:00	조별시간 (9:30-)	간식, 세면 및 휴식		
11:00-		취침		

8. 프로그램 설명

1) 마인드맵

구원, 또는 믿음 생활에 관한 마인드맵을 조별로 그리도록 한다(생각 나는 대로).

2), 3) UCC

UCC-I은 조별 소개, UCC-II는 구원에 대한 의견을 모아 조별로 CF를 제작한다(제작 과정을 통해 구원에 대해 생각하도록 하며, 자신이 가지고 있는 구원에 대한 이해를 조원들과 함께 나누고 표현하게 한다. 아고라를 위한 준비 과정이다).

4) 아고라(AGORA)

구원에 대한 펠라기우스, 칼빈, 웨슬레의 주장을 구분하여, 상황극을 통해 주제를 제시하고, 학생들의 토론을 유도한다(답을 제시하는 것을 목적으로 하지 않고, 학생들이 구원에 대해 어떻게 이해하는지를 스스로, 또한 교사들이 파악하는 것을 목적으로 한다).

5) 특강

구원에 대한 오해를 정리하고, 개혁주의 구원론을 강의한다(성경적 구원에 대한 이해를 정리하는 것을 목적으로 한다).

6) 간증

아고라를 통해 구원에 대한 교리를 살펴보고 난 후 실제로 경험한 하나님의 구원하심을 나누는 시간이다(대구 SFC 배지현 간사, 간증은 체험이 아닌 교리적 내용을 바탕으로 한다).

*AGORA 자막

	칼빈	웨슬레	펠라기우스
자유의지	좀비의 선택	하늘이 돕는다면 스스로 도울 수 있다!	하늘은 스스로 돕는 자를 돕는다!
원죄	백인이 될 수 없는 흑인	빠죽이 필요해!	아담은 아담! 나는 나!
선행	믿음 외엔 답이 없다!	구슬이 서말이라도 꿰어야 보배	콩 심은 데 콩 나고, 팥 심은 데 팥 난다!
예정	영원부터 시작된 사랑	네가 내년 여름에 할 일을 알고 있다!	내 운명은 내가 만드는 거야!
구원의 확신	포기하지 않는 사랑	유종의 미	공 든 탑이 무너지랴!

① 세 등장인물이 돌아가면서 자신을 소개하고, 자신의 의견에 대해 개괄적으로 설명한다.

② 사회자의 진행에 따라 준비된 자막을 공개하며, 각 주제에 대해 패널들이 자신의 신학적 입장을 밝힌 뒤에, 학생들로부터 질문을 받거나 서로 토론하도록 한다. 그렇게 다섯 가지 주제를 모두 마치고 나면 자유롭게 질문하고 토론한다(진행자가 중요하다).

③ 준비된 동영상(5,6분)을 보여 주고 문제를 제기하여 토론을 북돋운다.

④ 사회자의 진행으로 학생들이 각자 의견에 따라 등장인물을 선택한다.

⑤ 토론을 계속한다.

⑥ 목사님(3명)으로 구성된 판정단이 점수 팻말을 들어 발표자의 의견의 유효성을 판정한다.

*관련 사진 자료

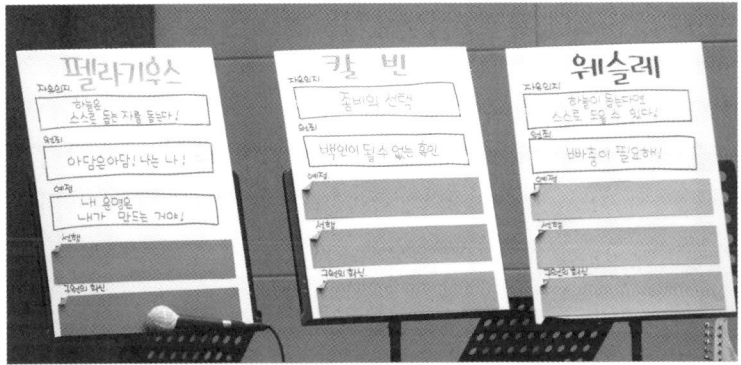

내가 만난 교리 이야기

'혹시 하나님의 백성이 아니면 어쩌지?'
_이승연

　초등학교 4학년 때만 하더라도 나는 교회 다니기를 좋아했고, 하나님에 대해 알고 싶어했으며, 신앙이 신실한 선배들의 모습을 따라가고 싶어했습니다. 그러나 이후 나의 모습은 많이 변했습니다. 중2, 중3이 되자 믿음에 대한 의심이 들기 시작했고, 다시 처음으로 돌아가 하나님이 누구이신가 하는 것부터 궁금해졌습니다.

　입으로는 하나님을 고백하면서도 마음으로는 '내가 혹시 하나님의 백성이 아니면 어쩌지?' 하는 흔들림까지 생겼습니다. 이미 하나님에 대한 생각은 사라지고, 길을 잃어버려 자리에 주저앉아 우는 아이의 신세가 되고 말았습니다. 빛이 없는 어두운 영적 상태에서, 어디에서 해답을 찾아야 할지 알 수가 없었습니다. 지친 나는 포기해 버리고 말았습니다. 매주 주일학교에서 배우는 것들이 정말 나에게 적용되는지, 그리고 내가 그것에 대해 잘 이해하는지에 무관심했습니다. 아는 듯하다가도 다시 월요일이 되면 그것과 무관한 삶을 살았습니다.

　소요리문답 제1문 "인간의 주된 목적은 무엇입니까?"

어렸을 적에 의무적으로 외웠던 이 문답이 의미가 없는 것처럼 느껴졌습니다. 나의 행복이나 꿈이 나의 목적이 될 수 있는데, 왜 그 답이 굳이 하나님이어야 하는가 의문스러웠고, 당연한 것이니까 하는 식으로 억지로 끼워 맞추는 듯한 느낌이 들었습니다. 하지만 교리를 공부하면서, 사람으로서 던지게 되는 질문들에 미리 답하고 나서 그 원리에 대해 자세히 펼쳐 나가는 설명들을 마음으로 받아들일 수 있게 되었습니다. 또한 내가 하는 일의 목적을 '하나님'께 둘 수 있게 되었습니다.

하나님께서 나를 포기해 버리고 그대로 내버려 두셔도 나는 할 말이 없겠지만, 이렇게 해서라도 내가 다시금 하나님을 믿을 수 있도록 이끄시려는 그분을 느꼈습니다. 지난날 의심했던 것이 후회스럽습니다. 앞으로는 견고한 믿음으로 자라 가기를 바랍니다. 내 믿음이 다시 자라날 수 있도록 여러 가지 수단으로 역사하며 인도해 주시는 하나님께 감사합니다.

---

* **이승연 자매**는 안산 푸른교회에 다니고 있습니다. 이 글은 중학교 3학년 때 소요리문답을 배우면서 깨달은 점을 적은 소감문입니다. 지금은 고3 수험생으로 자신에게 주신 소명이 무엇일까를 고민하면서 대학수학능력시험을 준비하고 있습니다.

유쾌하고 즐거운 성품으로 아이들에게 인기가 많은 필자는 부산에서 사역하고 있습니다. 그가 교리교육을 시작하게 된 이유는 단순합니다. 교역자로서 중고등부 학생들에게 성경을 체계적이고도 건전하게 가르쳐 주고 싶었기 때문입니다. 단순한 교육 목표가 어떻게 추진되고, 또한 어떤 열매를 맺었는지 살펴보고 도전과 격려를 얻으시기 바랍니다.

교리반이 진행되면서
점점 중고등부의 분위기가 좋아졌습니다.
주일에 모이는 아이들의 태도가 달라졌습니다.
무엇보다 성경을 지루해하지 않고,
그것을 듣고 배우면서 흥미를 느끼는 모습에서
큰 위로와 소망을 발견하였습니다.

02
교리반을 모집합니다!

문지환

저는 본래 성경신학에 관심이 많습니다. 그래서 성경에 나타난 구속의 이야기, 창조-타락-구속-완성으로 이어지는 거대한 이야기를 전하는 데 관심이 많습니다. 그런데 중고등부 사역을 하면서 한계를 느꼈습니다. 아이들이 어릴 때부터 체계적으로 성경 이야기를 들어 오지 않았기 때문입니다. 그래서 마치 6살 된 저희 둘째에게 하듯이, 어린이 성경을 읽어 주는 듯한 수준의 설교밖에 할 수 없었습니다. 성경 자체를 모르는 아이들에게 그리스도인의 삶이나 세계관에 대해 말하기란 여간 힘든 일이 아니었습니다. 그 나이에 예민한 주제들, 예를 들면 이성 관계나 학업 등에 대해 이야기할 때는 잠시 주의를 기울이다가도, 조금이라도 성경 이야기가 나오다 싶으면 마음과 함께 눈꺼풀까지 닫아 버리곤 했습니다.

그래서 생각한 대안이 체계적인 교리문답 교육이었습니다. 다양한 교리교육 방식이 있겠지만, 특별히 '교리문답'이 '성경 이야기'를 잘 요약하여 전해 준다고 생각했습니다. 웨스트민스터 소요리문답의 경우, 실제로 그 문답을 따라가다 보면, 창세기에서 시작된 창조-타락-구속에 대한 해설을 듣는 듯한 느낌을 받을 때가 한두 번이 아니었습니다. 그래서 저는 많은 대안들 가운데 웨스트민스터 소요리문답을 가르치기로 마음먹고는 교리반을 계획했습니다.

교리반 모집, 지원 자격을 까다롭게

마음 같아서는 중고등부 학생을 모두 데리고 소요리문답을 공부하고 싶었지만, 이 보석 같은 유산의 맛을 더욱 깊이 음미하고 싶어서 자원하는 학생을 중심으로 시작했습니다. 지원 자격을 제법 까다롭게 제시했습니다. 결석 두 번이면 탈락으로, 지각 두 번이면 결석 한 번으로 간주했고, 토요일 오후 6시부터 세 시간을 온전히 헌신하게 했습니다. 주중에 반드시 교재를 읽어야 했으며, 숙제도 반드시 제출해야 했습니다. 특히 토요일 저녁을 완전히 비우라고 요구하자 학생들은 물론 부모, 심지어 교회의 중직자들도 불편해했습니다. 그렇지만 일단 소신을 굽히지 않고 그대로 밀고 나갔습니다.

다행히 하나님의 은혜로 첫 교리반 모집에 학생들 17명이 지원하였습니다. 중1부터 고3까지 골고루 지원하였고, 특별히 청각 장애 학생이 3명 포함되어 있었습니다. 제가 섬기는 교회는 부산 밀알 장애인 단체와

긴밀하게 협력하고 있었으며, 예전부터 청각 장애인들을 섬겨 왔기 때문에 그런 가정의 자녀들이 중고등부에 소속되어 있었습니다. 그 아이들 중 몇 명이 교리반에 참여하게 된 것입니다. 당시 교리반을 떠올리면 여러 가지가 감사하지만, 그 아이들과 함께했던 일이 가장 감사합니다.

스스로 공부하고 조별로 토의하는 아이들

말씀드리기 부끄럽게도, 사실상 학습 진행에서 제가 한 일은 거의 없다시피 했습니다. 토요일 오후 6시 정각에 모여 찬양과 기도로 시작하여, 4명으로 구성된 조들이 각각 지난 일주일 동안 읽고 학습한 내용을 서로 나눕니다. 그러고 나서 그 내용을 종합하여 각자의 개성을 담아 4절지에 그림이나 도표, 또는 마인드맵으로 표현하고 조별로 발표를 합니다. 그러면서 자신의 조가 생각하지 못한 부분을 다른 조에게서 발견하고 심화하는 자가 학습이 이루어졌습니다. 처음에는 제가 방향을 제시해 주어야 한다는 강박 때문에 잠시 강의를 하기도 했는데, 삼 주 정도 지나자 제 강의가 필요 없다는 것을 느꼈습니다. 아이들은 이미 주중에 숙제를 하면서 내용을 파악하였고, 행여나 핵심에서 벗어난 이해와 적용을 한 친구가 있더라도 조별 나눔을 통해 바로잡을 수 있었기 때문입니다.

주중에 아이들이 해야 하는 숙제는 다음과 같습니다. 주어진 분량을 읽고 A4 용지 한 장에 1/3 정도로 요약하고 핵심 내용을 한 문장으로 만들기, 또 1/3은 읽고서 새롭게 배우거나 느낀 점 쓰기, 나머지 1/3은 앞으로의 다짐 쓰기입니다. 처음에는 스스로 읽고 해석하여 글로 표현하는 일을 어색해하던 아이들이 날이 갈수록 문답의 핵심을 잘 이해하고 아주 적실하게 자신에게 적용하였습니다. 숙제를 검사하는 제가 울컥할 정도였습니다. 저는 매주 제출한 숙제에 밑줄을 긋고 간단한 의견을 덧붙여 돌려주었습니다.

교리반 친구들, 중고등부 전체에 영향을 미치다

이렇게 자발적으로 교리반이 진행되면서 점점 중고등부의 분위기가 좋아졌습니다. 주일에 모이는 아이들의 태도가 달라졌습니다. 17명이나 되는 아이들이 예배에 집중하고 말씀에 집중하다 보니, 중고등부 전반에 '예배만큼은 잘 드려야 한다'는 분위기가 조금씩 퍼져 가기 시작했습니다. 그전에는 상상할 수 없는 일이었습니다. 아이들이 사용하는 언어에도 변화가 생겼습니다. "재수 좋다", "운 좋다"라는 표현을 쓰던 아이들이 "다 하나님의 섭리이지"라고 말하며, 서로 '알지?' 하는 눈빛을 주고받았습니다. 독서 발표회를 했을 때도 조금도 두려워하거나 싫어하지 않고 진지하게 독후감을 발표하였습니다. 무엇보다 성경을 지루해하지 않고, 말씀을 듣고 배우면서 흥미를 느끼는 아이들의 모습에서 큰 위로와 소망을 발견하였습니다.

이렇게 진행된 첫 번째 교리반은, 지원한 17명의 학생들 중 개인 사정으로 완주하지 못한 3명을 제외하고 14명이 수료하였습니다. 수료하기까지 선생님들의 지지와 도움도 큰 역할을 하였습니다. 수화 통역을 할 수 있는 세 분의 집사님이 번갈아 가며 토요일 저녁에 세 시간을 봉사하였습니다. 중고등부 선생님들도 자원하여 교리반에 간식을 제공했습니다. 사실 저는 이것도 꽤나 중요한 교리교육의 한 요소라고 생각합니다. 교리를 통해 개인을 세우는 것을 뛰어넘어 함께 식사하는 식구 공동체로 발전하기를 기대했기 때문입니다. 역시 입이 열려야 마음이 열린다는 사실을 체험할 수 있었습니다.

지금까지 제가 소개한 교리반 아이들의 후기를 부산동교회 홈페이지에 있는 중고등부 게시판에서 모두 읽어 보실 수 있습니다. 말씀과 교리를 통해 느꼈던 아이들의 감격이 고스란히 담긴 그 글들은, 저와 그 녀석들만의 일기장이 되어 추억과 함께 소망을 전합니다.

디딤돌
교리 공부 후기 질문지 예시

- 교리교리 FESTIVAL(문지환 목사)

중3 한혜지

1. 이 단원의 핵심 주장이 무엇인지 한 문장으로 쓰세요.
사람의 주된 목적은 하나님을 영화롭게 하는 것과 영원토록 그분을 즐거워하는 것이다.

2. 그렇게 생각한 이유를 쓰세요.
왜냐하면 내 삶에서 아주 중요한 '목적'이라는 것이 하나님께 있음을 알려 주고 있기 때문이다.

3. 다음의 내용을 충실히 쓰세요.
- 전에 알고 있던 것 / 나의 이전의 상태

나의 목적은 좋은 직장을 얻어 화목한 가정을 꾸리는 것, 즉 '행복'이었다. 나는 나 중심적으로만 생각해 왔고, 늘 '내가 편하고 좋으면 다 된 거야'라고 생각해 왔다. 공부하는 것을 우선순위로 정하고, 하나님께 무관심한 삶을 살아왔다.

• 새롭게 배운 내용 / 느낀 점

나뿐만 아니라 모든 사람들의 주된 목적은 하나님을 영화롭게 하는 것과 영원토록 그분을 즐거워하는 것이다. 하나님을 영화롭게 하는 것이란, 세상의 일을 가치 없게 여기고 교회 일에만 빠져 사는 것이 아니라, 나의 삶 전 영역에서 하나님만을 증언하고 드러낸다는 의미이다. 또한 하나님을 영원토록 즐거워한다는 것은 그분을 사랑한다는 의미라는 것을 배웠다. 1단원을 공부하면서 몰랐던 것도 알게 되고, 처음으로 하나님에 대해 공부한다고 생각하니 설레고 재미있었다.

• 다짐

교회에서만 기도하고 찬양하는 것이 아니라 평소에도 하나님을 생각하면서 살아갈 것이다. 또한 내가 나의 것이 아님을 알고, 하나님께 영광 돌리는 삶을 살기 위해 노력할 것이다.

"혜지야, 너를 볼 때마다 목사님은 놀라게 된다. 하루가 다르게 성숙하고 믿음이 자라가는 것을 보며 정말 하나님께 감사하게 된다. 교리반을 통해 네 믿음이 단단해지고, 네 삶이 정말 의미 있는 삶, 하나님을 영화롭게 하고 그분을 즐거워하는 삶이 되기를 바란다."

이 글은 씁쓸한 실패담에 가깝습니다. 교리를 가르칠 때 흔히 경험하는, 그러나 반드시 넘어서야 하는 시행착오입니다. 역설적이게도, 교리의 가치를 잘 알고 소중히 여기는 마음이 크면 클수록 이런 실수를 하기 쉽습니다. 필자가 교리교육 초창기에 겪은 좌충우돌 분투기는 그 어떤 성공담보다도 유익한 조언이 될 것입니다.

저는 교리를 고상한 것으로 여기며,
그것을 가르치는 저 자신도 고상한 사람인 양 생각했습니다.
학습자가 따라오지 못하는 것은 그 사람의 문제이지,
가르치는 나의 문제가 아니라고 생각했습니다.
그러나
그것이야말로
교리교육의 발목을 잡는 위험한 태도였습니다.

03
'교리 신비주의'를 넘어서

김일호

교리 신비주의에 빠져 있던 나

무엇이든 처음 시작하다 보면 의욕이 앞설 때가 많습니다. 저 역시 중고등부를 맡으면서 그러했습니다. 무엇보다 신대원에 갓 입학한 풋내기 신학생으로서, 그저 아이들에게 교리를 가르쳐야 한다는 사명감에 불타올랐던 것 같습니다. 그래서 저에게 가장 처음 '교리'라는 것을 소개해주었던 '웨스트민스터 신앙고백서'로 아이들을 가르치기로 했습니다.

그러나 시작부터 문제에 봉착했습니다. 서점을 아무리 뒤져도 중고등학생들에게 알맞은 교재를 찾을 수 없었던 것입니다. 그렇지만 저에게는 한 가지 믿음이 있었습니다. '교재는 거들 뿐, 주옥 같은 신앙고백서를 내용으로 담고 있는데 문제 될 것이 무엇인가! 아이들은 분명 변화될 것이다!' 그러나 이후에 저는 그러한 믿음을 '교리 신비주의'라고 명명할 수 밖에 없었습니다.

교리와 신비주의! 이 어울리지 않는 두 단어의 조합은 교리를 공부하면서 은혜를 많이 받은 저 같은 사람들에게서 종종 발견되는 믿음입니다. 어떻게 해서든 일단 교리를 가르치기만 하면 모든 것이 해결된다는 식의 사고입니다. 물론 교리를 가르치는 것이 중요하고 귀한 일이라는 데는, 이 책을 읽는 사람 누구나가 동의할 것입니다. 저 역시 그렇게 생각합니다. 그러나 교리교육 자체가 모든 것, 특히 주일학교 학생들의 신앙 성장을 담보해 주리라 기대하는 것은 신비주의일 것입니다.

사실 주일학교, 더 나아가 교회교육에서 꼭 교리교육에만 이러한 신비주의가 나타나는 것은 아닙니다. 어떤 프로그램만 진행하면 성도를 목회자나 교사가 꿈꾸는 수준으로 키워 낼 수 있으리라는 생각이 은연중에 교회교육 현장에 자리 잡고 있습니다. 교리교육을 시도하는 사람들은 대부분 그런 프로그램에서 실패를 경험하고, 형식보다 내용이 중요하다는 것을 몸소 체험한 이들입니다. 그런데도 막상 교리교육을 시도할 때는 다시 형식에 붙들리는 오류를 범하는 경우가 많습니다. 교리야말로 제대로 된 주제이므로 어떤 식으로든 가르치기만 하면 효과를 보리라 기대하는 것입니다.

저 역시 그러한 신화에 붙들려 있었습니다. 어떻게 해서든 교리를 가르치기만 하면 된다고 생각했습니다. 학생들의 저항은 당연하다고, 오히려 내가 진정 가치 있는 내용을 가르치기 때문에 반발하는 것이라고 굳게 믿었습니다. 그러나 중고등부 첫 해의 교육은 보기 좋게 실패했습니다. 깨끗한 실패! 그렇게 말할 수밖에 없었습니다. 학생들이 떨어져 나가고, 그나마 남아 있는 학생들 안에도 남은 것이 없어 보였습니다.

방법의 전환에 답이 있다

그런데도 저는 여전히 교리 신비주의에 깊이 빠져 있었고, 교리를 포기할 수가 없었습니다. 다만 초점을 옮겨 보았습니다. 교리교육에 대한 접근 방식으로 눈을 돌린 것입니다. '교리교육을 한다는 것은 무엇인가? 교리를 교리답게 가르치는 방법이 무엇인가?' 다시금 그것을 생각해 보았습니다.

결국 교리교육의 성패는 방법론에 달려 있다는, 너무나 뻔한 이야기를 하려고 이렇게 돌아 왔습니다. 요즘에는 좋은 교재들이 많이 있습니다. 그러나 정말 좋은 교재가 있더라도, 교재 자체가 교리교육을 다 해 주지는 않습니다. 그런 교재가 모든 것을 해결해 주리라 기대한다면, '교리 신비주의'가 '교재 신비주의'로 바뀌는 것일 뿐입니다. 방법론이 달라져야 합니다. 결국 그 말은 사람 곧 가르치는 교사가 달라져야 한다는 말이기도 합니다.

그렇다면 교리교육에 어떤 방법론이 요구될까요? 과거의 교리문답 교육은 단순히 문답을 외우는 방식으로 이루어졌습니다. 교사가 질문하면 학생이 대답하고, 교사는 그 대답이 얼마나 원문과 동일한지를 판단할 뿐이었습니다. 그야말로 주입식 교육이 아닐 수 없습니다. 그러나 거기서 멈춰서는 안 됩니다. 교사가 묻고 학생들이 답하는 것까지는 동일할 수 있지만, 교사는 학생의 답에 대해 '한 번 더' 파고들어 가야 합니다. 그리하면 학생의 대답이 정말로 이해하고서 나온 것인지, 아니면 단순히 정답을 맞히기 위해 암기한 것인지를 분별할 수 있습니다. 그러한 과정이 반복되면 학생들 역시 단순히 답만 해서는 넘어갈 수 없다는 것을 깨닫고 한 번 더 생각하는 습관을 갖게 될 것입니다.

그러기 위해서는 먼저, 교사가 교리문답의 구조와 내용을 파악하고 있어야만 합니다. '왜 이 질문이 이 자리에 들어가 있는가?'를 고민해야 하고, 그에 대한 나름의 답을 찾아야 합니다. 그래야만 학생들의 대답에 적절한 질문을 던질 수 있을 것입니다. 다음으로, 교사에게는 일종의 끈질김이 필요합니다. 학생들의 대답을 집요하게 분석하고 다음 질문을 던져야 하기 때문입니다. 여기서 교사와 학생 모두에게 인내력이 요구됩니다. 마지막으로, 교사의 유연성이 중요합니다. 마치 취조하듯이 질문하다 보면, 학생들은 어느 순간 나가떨어지게 마련입니다. 저도 이런 실수를 많이 저질렀습니다. 학생의 반응을 세심하게 살피면서, 그 학생의 실수에 걸맞는 질문을 던지고, 또 적절하게 대답을 유도하면서 부드럽게 교육을 이어 나가야 할 것입니다.

맞추어 주는 교리교육

가장 힘들었던 점 중 하나가 '수준 차이'였습니다. 이것은 신앙의 문제가 아닙니다. 기본적인 수학능력, 사고력, 표현력의 문제입니다. 즉, 공부를 어느 정도 하는 아이들은 이러한 방식에 익숙한 편이고, 또 곧잘 따라옵니다. 그러나 공부와 담을 쌓은 아이들에게는 교리교육 시간이 고역일 것입니다.

처음에는 이런 것을 전혀 고려하지 않은 채 모든 학생들에게 동일한 방식으로 교육을 진행했습니다. 처음 나온 아이건 누구건 붙잡아 놓고 아주 끈질기게 질문과 답을 이어 나갔습니다. 조금 힘들어도 이 산만 넘으면 된다고 생각했습니다. 그러나 결정적으로 이러한 방법을 접을 수밖에 없었습니다. 소위 '노는 아이들'이 갑작스레 교회에 나오기 시작했기 때문이었습니다.

이 아이들은 교회당에 있는 탁구장 때문에 교회에 나오기 시작했는데, 그 아이들을 위해 예배와 교육을 따로 개설하게 되었습니다. 그 아이들이 주일 늦은 오후에야 비로소 나타났기 때문입니다. 저는 자신 있게 『특강 소요리문답』으로 교리교육을 시작했습니다. 그런데 이내 벽에 부딪히고 말았습니다. 아이들이 글을 제대로 읽을 줄 몰랐기 때문입니다. 스스로 난독증이라고 말하는 아이들에게 책 읽는 시간은 너무나 힘든 시간이었습니다.

결국 고민 끝에 아이들을 위해 교재의 내용을 파워포인트 자료로 만들었습니다. 이미지도 넣고, 필요한 경우 동영상도 활용했습니다. 예를 들어, 섭리를 설명할 때 나비효과라는 개념이 등장하는데, 이해를 돕기 위해 그 주제를 다룬 어느 텔레비전 프로그램 영상을 보여 주기도 했습니다. 아이들이 내용에 흥미를 가지고 따라올 수 있도록 하는 동시에 중심 내용이 전달될 수 있도록 노력했습니다. 사실 이것은 개인적으로 엄청난 결단이었습니다. 중고등부에서는 파워포인트를 절대 사용하지 않는다는 것이 나름의 원칙이었기 때문입니다. 또한 그 친구들을 위해 평가지도 새롭게 만들어야 했습니다(136쪽 디딤돌 '학습자의 눈높이에 맞춘 평가지 예시' 참고).

교육자가 새겨야 할 정신

이렇게 해서 엄청난 회심의 역사가 나타났을까요? 아쉽게도 저에게는 아직 그런 간증이 없습니다. 그러나 교회와 거리가 먼 아이들에게 진지하게 성경이 뭐라고 말씀하는지를 가르치고, 삶과 신앙에 대해 함께 고민할 수 있었다는 것만으로도 매우 소중한 시간이었습니다. 무엇보다 개인적으로 교리교육에서 한 발 더 나아가 목회 사역에 관해 많은 시사점들을 얻는 계기가 되었습니다. 성육신의 가장 큰 의미 중 하나가 '맞추어 주심(accomodatio)'이라고 한다면, 높게만 보이는 교리교육도 낮추어져야겠다고 생각하게 된 것입니다. 저는 교리를 고상한 것으로 여기며, 그것을 가르치는 저 자신도 고상한 사람인 양 생각했습니다. 학습자가 따라오지 못하는 것은 그 사람의 문제이지, 가르치는 나의 문제가 아니라고 생각했습니다. 그러나 그것이야말로 교리교육의 발목을 잡는 위험한 태도였습니다.

우리가 교리교육을 통해 얻고자 하는 것은, 말씀을 바르게 가르치고 예수 그리스도의 복된 소식을 전하는 것, 그로 인해 한 사람이 새 생명을 얻고 새로운 삶을 살아 나가는 것입니다. 그런데 많은 사람들에게 교리는 너무나 높은 곳에 있는 것인 듯 느껴집니다. 예수님께서 내려오셨다면, 교리도 내려와야 합니다. 즉, 교리를 가르치는 사람의 태도와 자세가 달라져야 합니다. 중요하고 소중한 내용을 더욱 효과적으로 전달할 수 있는 방법을 연구해야 합니다. 누구에게나 전파되어야 하는 복된 소식을 누구나 따라올 수 있는 방식으로 가르쳐야 합니다. 눈높이 교육, 그것이야말로 교리교육자가 늘 새겨야 할 정신일 것입니다.

디딤돌

학습자의 눈높이에 맞춘 평가지 예시

기존의 평가지는 '이미 알고 있었던 내용', '새롭게 알게 된 내용', '소감 및 다짐' 등의 항목으로 구성되어 있었습니다. 하지만 당시의 아이들에게는 그런 말이 너무 어려운 것 같아 개념을 확인할 수 있는 간단한 질문들, 자신의 상황과 배운 내용을 연결할 수 있는 몇 가지 문항들을 추가하는 식으로 바꾸어 보았습니다.

○○교회 청소년부(오후반)

2014. 4. 1.   이름:

1. 하나님께서 섭리하신다는 것을 오늘 배웠어. 섭리라는 것은 보존하시는 것과 다스리는 것을 말한다고 했지? 그럼 만약에 하나님께서 섭리하는 것을 멈추시면 세상은 어떻게 될까?

2. 하나님께서는 아담과 언약을 맺으셨다고 했어. 하나님께서는 이와 비슷하게 우리와도 언약을 맺고 계신단다. 하나님께서 사람들과 언약을 맺으신 게 왜 그리 대단하고 감사한 일인 걸까?

3. 지난주에 가장 재미있었던 일이 무엇이었니?

   가장 짜증 났던 일은?

4. 전도사님이 널 위해서 무엇을 기도해 주면 좋겠니? 꼭 기도할게!

5. 너는 뭐가 되고 싶니? 너의 꿈은 뭐지? 왜 그게 되고 싶니? 어떻게 하면 그것을 이룰 수 있을까? 그것이 하나님과는 무슨 상관이 있을까?

흔히들 교육은 투자라고 말합니다.
오늘날 교회교육 현장에 교리가 필요하다면,
그리고 아직 우리에게 전통적인 교리문답보다
더 뛰어난 커리큘럼을 만들 능력이 부족하다는 것을 인정한다면,
지금이라도 전통적 교리문답을 활용하여
균형적이고도 체계적으로 교육하는 데
교단 차원의 역량을 모아야 할 것입니다.

그렇게 할 때에야 비로소 우리는,
같은 교단 안에서도 교회마다 가르치는 것이 달라
사실상 성도들이 서로 다른 신앙을 고백하는 것이나 다름없는
가슴 아픈 현실을 속히 극복할 수 있을 것입니다.
뿐만 아니라 날이 갈수록 맹렬해지는 이단들의 공격으로부터
성도들을 조금이라도 더 잘 보호할 수 있게 될 것입니다.

이 시대에 진정한 복음을 전하고
진리의 기둥이자 터로서의 교회를 든든히 세우며
다음 세대를 기르는 데
온 교회가 마음을 모아 협력하는 아름다운 일이
더 많이 일어나기를 간절히 기도합니다.

03

고등부

윤춘이	첫째 아이가 회심을 고백한 날
김병재	호랑이 선생님의 교리 수업 이야기
신재원	선생님, 저희 좀 도와주세요!
정동건	교리문답, 그 '낯섦'과 '날 섬' 사이에서
조약돌	신앙의 뿌리, 요리조리 맛보기

무신론적 세계관을 기반으로 하는 우리의 '교육'은 신자의 신앙생활을 위협하는 것이 되어 버렸습니다. 하지만 이런 시대를 그대로 참지 않는 움직임도 등장하고 있습니다. 기독교 대안학교와 홈스쿨링이 늘고 있는 것입니다. 이 글은 네 명의 자녀를 가정에서 길러 낸 어느 어머니의 고백입니다. 시류를 거슬러 자녀에게 바른 신앙을 물려주고자 씨름하는 이야기를 통해 강한 도전과 감동을 받으실 수 있을 것입니다.
|

아이는 처음에는 차분하게 이야기를 시작했으나
이내 목소리가 떨리더니 눈물을 흘리면서 고백하였습니다.
이십 년 동안 기도하고 기다리며
모든 시행착오를 함께해 온 나도 울지 않을 수 없었습니다.
동일한 신앙을 고백하는 것만으로도 너무나 감사했을 것입니다.
그런데 그뿐 아니라 삶의 전반에 대한 태도가 바뀌고
인생의 방향을 바르게 전환하게 된 것입니다.
얼마나 감사하고 감격스러웠는지 모릅니다.

01
첫째 아이가 회심을 고백한 날

윤춘이

우리 부부의 소망은 자녀들을 신앙으로 잘 양육하는 것이었습니다. 아이들이 믿는 바와 일치하는 삶을 살기를 바랐습니다. 그러나 아이들의 삶의 모습과 관심사는 우리의 소망과 사뭇 달랐습니다. 아이들은 교회의 행사에 열심히 참여하고 봉사했으나, 성도로 자라 가는 데는 그다지 관심이 없었으며 예배에도 심드렁했습니다. 그러던 차에 목사님으로부터 교리교육을 제안받았습니다. 나는 한편으로 '뭐, 새로운 것이 있을까?' 미심쩍어하면서도 지푸라기라도 잡는 심정으로 시작했습니다. 내심 아이들의 극적인 변화와 회심을 기대하기도 했으나, 분명하거나 극적인 변화는 없었습니다. 아이들은 술에 술 탄 듯 물에 물 탄 듯했고, 단지 성경에 좀 더 관심을 보이고, 예전보다 자주 복음에 관해 질문하는 정도에 그쳤습니다. 만만치 않은 성장통을 겪는 시기를 함께 보내면서, 나에게는 정면 돌파(복음에 대한 정확한 안내) 외에는 선택의 여지가 없었습니다.

어쩔 도리 없이 교리 공부를 시작하다

매일 아침에 한두 시간씩 아이들과 『특강 하이델베르크 요리문답』(이성호 저, 흑곰북스)으로 공부하게 되었습니다. 나는 개혁주의 신학을 알지도 못했고, 사실 교리가 얼마나 중요한지도 몰랐습니다. 뿐만 아니라 아이들이나 나나 이 공부를 어떻게 해 나가야 할지도 몰랐습니다. 그래서 그저 교재의 앞부분에 제시된 학습 방법을 따라 차근히 함께 읽고 새롭게 알게 된 점이나 적용할 점을 찾는 방식으로 아침 시간들을 채워 갔습니다. 가장 어려웠던 점은, 날마다 규칙적으로 그 시간을 할애하는 것이었습니다. 또한 개인적으로 내가 신학적 배경 지식이 부족하다는 것도 걸림이 되었습니다. 그러나 교재를 충실히 읽고 성령의 조명하심을 의지하면서 하루하루 성실을 쌓아 갔습니다. 물론 중간에 공부를 할 수 없는 날들도 있었지만, 쉬엄쉬엄 하더라도 꾸준히 하는 것이 중요하다고 스스로 위로하곤 했습니다.

하이델베르크 요리문답 1,2문을 읽으면서 아이들과 우리의 비참함과 우리의 참된 위안이 되시는 하나님에 대해 나누는 것으로 시작된 교리 공부는, 이 글을 쓰는 지금 어느덧 104문을 할 차례가 되었습니다. 그동안 성령님이 우리 가정에 베풀어 주신 은혜는 이루 다 말할 수가 없습니다. 나는 본래 사람이 변하는 것을 '기적'으로 여겼습니다. 수많은 사람들을 만나 보고, 성경 공부도 여러 차례 해 보았습니다. 아버지 학교, 어머니 학교, 이런저런 수련회, 자기 계발 세미나에 참석해 아무리 큰 감동을 받아도, 일상이 가진 막강한 힘에 굴복하여 원점으로 되돌아가는 연약함을 나 자신에게서도, 주변 사람들에게서도 너무나 쉽게 발견할 수 있었습니다. 그래서 나는 사실 그 어떤 거창한 결심도, 그 어떤 슬로건도 잘 믿지 않았습니다. 그런데 하나님께서 나를 변화시키셨습니다.

하나님께서 허락하신 변화

우리 집 아이들은 모두 네 명입니다. 아들 둘, 딸 둘. 큰 아이가 스무 살, 막내가 열여섯 살로, 적지 않은 나이의 청소년들입니다. 이러저러한 이유로 기독학교를 경험했고, 최근에 홈스쿨링을 하고 있습니다. 그래서 아침마다 공부할 수 있었지만, 또한 그만큼 많은 노력이 필요했고, 서로 어색함을 극복해야 했습니다. 우리 집 아이들 네 명은 자랑스럽게 내놓을 만한 것이 없는, 평범해도 너무나 평범한 아이들이었고, 발등에 떨어진 입시와 진로 준비에 마음이 바쁜 청소년들이었습니다. 그래도 주 5회, 또는 주 3회, 어떤 때는 2주에 한 번 공부를 하더라도 멈추지 않고 꾸준히 했습니다. 며칠 전에는 작년 7월부터 시작한 교리문답 공부를 통해 회심하게 된 큰 아이의 고백을 들으면서 한참을 함께 울었습니다. 아이의 고백은 대략 이러했습니다.

"저는 제 이름이 매우 부끄럽고, 머리카락이 심한 곱슬인 것 때문에 심한 열등감을 가지고 있었으며, 사람들과의 관계에 자신이 없었습니다. 그래서 혼자 하는 컴퓨터 게임이 좋았고, 무엇에든 열정이 없고 무기력했습니다. 그런데 하나님 앞에서 제가 어떤 사람인지를 알게 된 지금, 저는 제 이름이 부끄럽지 않고, 외모도 별 문제가 되지 않습니다. 저는 이제부터 열심을 다해 살기로 했습니다. 저의 이십 대 후반이 멋있고, 사십 대가 더 멋있는 삶을 살고 싶습니다. 장남으로서 저는 동생들을 잘 보살필 수 있는 힘을 키우고, 믿음의 가문을 이어 가고 싶습니다.

몇 달 전까지만 해도 저는 제 자신이 정말 싫고, 내가 무엇을 할 수 있을까 하는 생각에 공부하기도 싫었고, 그저 군대나 얼른 다녀와 되는 대로 돈이나 벌면서, 골치 아픈 생각들을 하지 않고 닥치는 대로 살려고 했습니다.

그런데 교리를 공부하면서 하나님께서 주신 율법이 나를 사랑하고 보호하고자 하시는 표현이라는 것을 깨닫고, 하나님의 섭리와 다스리심, 예배와 세례가 얼마나 귀중한 것인지를 알게 되었습니다. 그리고 저를 하나님을 영화롭게 할 수 있는 사람으로 택하여 주신 것을 알게 되었습니다. 그러자 마음이 평안해지고, 불안해하거나 고민하지 않게 되었습니다. 이제는 겁내지 않고 기꺼이 하나님이 기뻐하시는 방법대로 살아 보고 싶어졌습니다. 아직은 저의 신앙고백을 유창하게 표현하지 못하지만, 앞으로 더욱 연습해서 내 말과 내 표현으로 믿음을 고백하고 싶습니다."

아이는 처음에는 차분하게 이야기를 시작했으나 이내 목소리가 떨리더니 눈물을 흘리면서 고백하였습니다. 이십 년 동안 기도하고 기다리며 모든 시행착오를 함께해 온 나도 울지 않을 수 없었습니다. 동일한 신앙을 고백하는 것만으로도 너무나 감사했을 것입니다. 그런데 그뿐 아니라 삶의 전반에 대한 태도가 바뀌고 인생의 방향을 바르게 전환하게 된 것입니다. 얼마나 감사하고 감격스러웠는지 모릅니다.

그날 오후에 가만히 생각해 보았습니다. 나는 그저 궁여지책으로 내가 할 수 있는 것들 중에서 좋은 책 한 권을 아이들과 읽고 나누었을 뿐이었습니다. 그런데 성령님의 도우심과 조명하심 덕분에, 가랑비에 옷 젖듯이 아이들이 말씀에 젖어들고 성경을 하나님의 말씀으로 대하고 삶에서 실천하는 '기적'이 일어났습니다. 이런 생각에 다다르자 감사하고 감격스러워 무슨 말로 감사를 표현해야 할지 몰랐습니다.

가정에서 교리 공부를 시작한 지 채 일 년이 되지 않았지만, 그동안 지인들은 우리를 부러워하기도 하고, 우리 가정처럼 하고 싶다고 말하기도 했으며, 실제로 그렇게 하는 가정들도 있었습니다. 그들과 교제할 때마다 입버릇처럼 하는 말이 있습니다. 그것은 바로 '기다림과 투자'입니다.

● 기다림

우리는 교회에서 하나님을 알아 가고, 교인으로서 면면이 세련되고 능숙해져 갑니다. 그러나 사실 성도로 자라나야 할 '나'를 기다리고 '타인'을 기다리는 데 인색하고 금방 부정적으로 판단해 버리는 나 자신을 보면서 스스로 절망할 때도 있었습니다. '나는 왜 이렇게 변하지 않을까? 아이들은 왜 저리도 달라지지 않을까? 하나님을 사랑하기가 그리도 싫을까?' 수많은 이유와 질문과 비교로 나를 들들 볶고, 아이들에게 노골적으로 표현하지는 않아도 눈빛이나 태도로 '빨리빨리' 재촉하며 보채기도 했습니다.

경쟁이 치열한 한국의 삶의 방식이 우리가 교리를 공부할 때도 드러났습니다. 아무리 그렇게 하지 않으려고 해도, 우리가 이미 상대평가에 젖어 있다는 것을 인정하지 않을 수 없었습니다. 교리를 공부하고 마인드맵으로 정리하거나 그 주제로 글을 쓸 때도 '좀 더 빼어나게 잘해 주기를, 글을 논리 정연하게 잘 써 주기를' 바랐습니다. 그뿐 아니라 금방 '뚝딱' 해 내고 동시에 성숙한 태도까지 가지기를 바라는 조급증이 커다란 걸림돌이 되었습니다.

그러나 돌아보니, 내 조급증과는 상관없이 아이들은 의연하게 자신들의 속도로, 자신들의 역량만큼 자라고 있었습니다. 조금씩, 그러나 지속적으로 바른 방향으로 선회하고 있었습니다. 단순히 주입하는 것이 아니라 사유하는 시간을 통해, 믿음의 선배들의 생각을 꼭꼭 씹어 자신의 생각과 견주고 고민하는 시간을 통해 자신만의 표현으로 동일한 신앙을 고백하게 되는 과정이 금방 이루어질 수는 없지 않겠습니까? 나는 붕어빵 틀에 넣은 밀가루 반죽이 동일한 모양으로 구워지는 것에 익숙했습니다. 그래서 아이들 각자의 표현을 만들어 내는 시간을 기다리기가 쉽지 않았습니다. 성숙하고도 좋은 결과를 예상하는 믿음으로 기다린 것이 아니었습니다. 사실 기다리는 것 외에는 다른 방법이 없었기 때문에 괴로운 마음으로 기다렸습니다. 그것을 경험한 나로서는, 늘 '기다림'이라는 여유를 가지고 긴 호흡으로 교리 공부를 시작하라고 조언하곤 합니다. 교리 공부는 사실 짧은 시간에 뚝딱 이루어지는 것도 아니며, 그렇게 되어서도 안 됩니다.

● **투자**

우리 가족은 여섯 명이나 되기 때문에, 같은 책을 여섯 권씩 구입해야 합니다. 그것은 참으로 용기가 필요한 일입니다. 종종 함께 보는 책은 지금도 여섯 권을 구입하곤 하지만, 그럴 때마다 용기를 내야 합니다. 재정뿐만 아니라 시간에 대한 투자도 만만치 않습니다. 자본주의 사회에서 우리는 효용성부터 살피기가 쉽습니다. 그렇지만 교리 공부는 성과로 측량할 수 없는 영역인지라, 꾸준히 동일한 투자가 필요합니다. 단회적인 일로 그치는 것이 아니라 그룹이나 개인적인 공부를 통해 지속적으로 반복해야 합니다. 조금씩 범위를 확장해 가는 노력과 성경을 함께 살펴보는 노력이 더욱 요구됩니다.

더 커지는 기대와 소망

우리 가정에서는 교리 공부를 두 가지 방법으로 진행합니다. 하나는, 남편이 출근하고 나면 아침에 아이들과 내가 『특강 하이델베르크 요리문답』으로 공부하는 것입니다. 또 다른 하나는, 주일 저녁에 온 가족이 함께 『하이델베르크 교리문답으로 보는 십계명』(코르넬리스 프롱크 저, 그책의사람들)으로 공부하는 것입니다. 십계명뿐 아니라 주기도문과 사도신경을 차례대로 공부하면서 『특강 하이델베르크 요리문답』으로 공부한 것들을 다시금 검토할 수도 있었고, 더 풍성하게 대화하고 적용할 수도 있었습니다.

나는 고등학교 2학년 가을에 세례를 받았습니다. 부모님의 반대를 무릅쓰고 홀로 교회에 다니던 나에게 세례나 신앙고백 같은 말들은 낯설기도 하고 설레기도 했습니다. 세례문답 시간에 몇 문제를 주면서 외우라고 했는데, 그중 첫 번째가 웨스트민스터 소요리문답 1문답이었습니다. 그것을 외우면서 신기한 마음이 들었습니다. 그 문답 하나를 기억하고 외웠지만, 이상하게 그 문답이 내 삶에서 중요한 길잡이가 되었고, 어떤 일을 결정할 때 기준이 되었습니다. 그것은 부인할 수 없는 사실이었습니다. 그러한 나를 생각해 보면, 십대 후반에 교리를 통해 하나님의 섭리와 주권에 대해 배우고 고민하면서 자신의 신앙고백을 완성해 가는 우리 아이들의 삼십 대와 사십 대가 어떠할지 몹시 궁금해집니다.

그동안 나는 내 소견에 옳은 대로, 자녀 양육에 관한 수많은 책들에서 읽은 대로 아이들을 양육했습니다. 결과는 뻔했습니다. 아이들은 내가 그러하듯 소견에 옳은 대로 자신이 가고픈 길로 갈 뿐이었습니다. 그러나 이제 결론짓건대, 주의 교양과 훈계는 바로 하나님의 속성과 창조의 의도를 잘 알려 주는 데서 출발합니다. 그리고 그 가르침을 실천하는 안

전하고도 좋은 방편이 바로 '교리 공부'입니다. 율법이 우리를 보호하시기 위한 하나님의 사랑이었던 것처럼, 교리 공부는 그저 딱딱하고 고리타분한 내용을 공부하는 것이 아니라 하나님을 입체적으로 만나는 장입니다. 여러분도 용기를 내 시작해 보십시오.

별명이 '호랑이'인 필자는 기독교 대안학교인 '은혜의 동산학교' 교사입니다. 이곳의 학생들은 단지 제도권 밖에 있는 학교를 용감하게 선택했다는 이유로, 또는 '기독교' 학교를 선택했다는 이유로, 신앙이 좋다고 평가받을지 모릅니다. 그러나 필자는 그들이 말씀으로 양육되지 못하면 아무 소용이 없다고 생각합니다. 교리 수업을 통해 신앙과 삶의 일치를 가르치려 애쓰는 현장 교사의 이야기를 들어 보십시오.

"선생님, 제가 교리를 아무리 봐도 말이에요.
만약 교리의 내용이 맞다면 저는 이렇게 살면 안 되는 거겠지요?
저는 솔직히 하나님께서 계신지 확신할 수 없어요.
그런데,
하나님께서 계시다고 믿는 순간부터는
지금처럼 살 수 없을 것 같아요.
교리는 꿈이 아니라 뚜렷한 현실이더라고요."

02
호랑이 선생님의 교리 수업 이야기

김병재

교리 수업을 시작한 이유

교사로 일하면서 가장 행복한 것은 학생을 만나는 일입니다. 무엇보다 학생들과 하루 중 가장 긴 시간을 보내는 학교에서 아무런 부담 없이 하나님의 말씀에 대해 나눌 수 있다는 것이 가장 큰 복입니다. 하지만 그러한 복된 상황 속에서 아쉬움이 있다면, 모순적이게도 예배와 하나님의 말씀을 대하는 학생들의 태도였습니다.

당연한 말이지만, 기독교 대안학교에 입학하는 모든 학생은 소위 믿는 가정의 자녀들입니다. 학교의 입학 자격 요건이 부모가 세례교인이며 교회에 출석하는 것이기 때문입니다. 학생들은 믿는 부모 밑에서 자랐으며, 어린 시절을 교회에서 보냈습니다. 그래서 하나님의 말씀에 대한 지식과 열정이 더 많을 줄 알았습니다. 예배에 집중하며 예배를 사모할 줄 알았습니다. 그러나 현실은 그렇지 않았습니다. 학생들은 하나님의 말씀보다는 영어와 수학을 공부할 때 더욱 열정적이었으며, 예배를 매우 지루해했습니다. 아침 큐티 시간은 그저 똑같은 답을 반복해서 쓰는 시간이었으며, 하나님의 존재와 성경은 자신의 삶과는 동떨어진 어떤 것이었습니다.

저는 큰 고민에 빠졌습니다. '도대체 이 아이들에게 무엇을 주어야 할까?' 탄식이 제 마음에 머물렀습니다. 결국 저는 제 경험에서 답을 찾기로 했습니다. 아무런 고민도 없고 개념도 없었던 제가 하나님의 영광에 대해 조금이라도 고민하고 예배에 대해 진지한 마음을 품게 된 계기는 바로 '교리' 공부였습니다. 저는 학생들과 교리를 공부하기로 마음먹었습니다. 제가 담임했던 초등학교 4학년 학생들을 데리고 웨스트민스터 소요리문답으로 시작하였습니다. 그러다가 우리 학교의 고등학생들까지도 교리 공부에 함께하게 되었습니다.

본격적인 교리 공부와 아이들의 반응

처음에 학생들은 교리 공부에 대해 '뭔가 이상하다'는 표정을 지었습니다. 성경의 진리, 교리를 체계적으로 공부한다는 것 자체가 학생들에게는 어색함 그 자체였기 때문입니다. 학생들은, 하나님과 성경에 대한 지식이 우리가 일반적으로 알고 있는 공부와는 거리가 멀다고 생각하였습니다. 더욱이 교리를 공부했던 경험이 없었으므로 낯선 것이 당연했습니다.

고등학생들은 학교에서 공부하는 교과 시간의 압박이 커서 교리를 위한 교과 시간을 따로 빼지는 못했습니다. 하지만 정식 교과로서 한 학기 동안 한 권의 경건 도서를 읽으면서 매주 지정된 분량에 대해 요약하고 질문에 답하는 것을 과제로 냈습니다. 그리고 학기말에는 해당 학기에 읽은 책의 내용으로 '골든벨 대회'를 열었습니다.

선정한 도서는 크게 교리와 세계관, 두 가지 분야로 분류됩니다. 교리 분야는 비교적 학생들이 부담 없이 읽을 수 있는 두께로, 코르넬리스 프롱크의 『은혜 교리』(그책의사람들), 『하이델베르크 교리문답으로 보는 십계명』, 『하이델베르크 교리문답으로 보는 주기도문』(그책의사람들)을 선정했습니다. 세계관과 관련된 도서로는 『세계관과 영적전쟁』(안점식 저, 죠이선교회), 『우리 사회 속의 기독교』(이승구 저, 나눔과섬김), 『하나님 나라』(마틴 로이드 존스 저, 복있는사람)를 선정했습니다. 그리고 선택적으로 참고해야 할 도서로 『도르트 신조 강해』(코르넬리스 프롱크 저, 그책의사람들), 로이드 존스 교리 강좌 시리즈(부흥과개혁사), 『특강 소요리문답』, 『기독교 강요』(존 칼빈 저, 크리스챤다이제스트), 『하이델베르크에 온 세 사람과 귀도 드 브레』(테아 반 할세마 저, 성약)를 제시했습니다. 그리고 학생들이 그 책들을 언제든 볼 수 있도록 학교에 비치해 두었습니다.

드디어 고등학생들의 반응이 시작되었습니다. 질문을 던지기 시작한 것입니다. 학생들의 질문은 공포 그 자체였습니다.

"선생님, 부르심과 구원의 관점에서 '당신은 택함 받았습니까?'라는 질문이 뭘 의미하는 거예요?", "선생님, 하나님의 주권과 인간의 의지적 부르심은 어떻게 이해해야 하나요?", "선생님, 찬양대의 역사적 근거가 있나요?", "선생님, 세례가 구원이랑 관계가 있나요?", "선생님, 천국과 지옥을 봤다는 사람들이 있는데, 그것을 어떻게 생각해야 하나요?", "선생님, 하나님께서는 아담이 죄를 짓고 나서 선택하신 건가요, 아니면 죄를 짓기 전에 선택하신 건가요? 친구랑 의견이 엇갈려서요", "선생님, 창세기에 나오는 거인은 뭐예요? 그냥 문학적인 표현이에요, 진짜예요?", "선생님, 하나님을 믿지 않는 사람들이 착한 일을 하면 하나님께서 기뻐하시나요?" 선생님, 선생님, 선생님, 선생님……!

정말 정신이 하나도 없었습니다. 지금까지 그런 궁금증을 어떻게 참았나 싶을 정도였습니다. 사실 아이들은 참은 것이 아니었습니다. 질문할 기회가 없었을 뿐입니다. 그런 질문을 이끌어 낼 수단을 찾지 못했던 것입니다. 학생들의 질문 때문에 쉬는 시간이 없을 정도였지만, 정말로 행복했습니다. 교사로서 살아 있음을 느꼈습니다.

교리 공부의 유익

학교에서 교리 관련 활동을 하는 것이 그리 순탄치는 않았습니다. 기독교 대안학교인데도 '교리'에 대한 일반적인 오해들이 편만했기 때문입니다. 그래서 학생들이 교리를 공부하면서 작업한 과제물이나 질문들,

아이들의 변화된 생각들을 가능한 한 학교와 관련된 모든 분들과 나누는 데 초점을 두었습니다. '교육'을 둘러싼 사람들이 한마음이 되어야만 더욱 힘 있게 교육할 수 있기 때문입니다. 특별히 학생들의 과제를 제본하여 전시한 것은 큰 효과가 있었습니다. 또한 함께 있는 선생님들의 공감과 많은 격려가 교리 공부를 학교에 정착시키는 데 큰 힘이 되었습니다. 현재 중학교 학생들까지 소요리문답을 공부하고 있습니다. 그렇지만 안타깝게도 초등학교의 경우에는 제가 고등학교로 오면서 그것을 이어받은 교사가 없어 교리 공부가 없어진 상태입니다.

하나님에 대한 지식으로 피조 세계를 바라보다

교리 공부를 통해 얻은 가장 커다란 유익은, 학생들이 스스로 생각하기 시작했다는 것입니다. 생각은 궁금증을, 궁금증은 고민을, 고민은 질문을 부릅니다. 교리를 대하는 학생들은 매우 능동적이고 진지했습니다. 자신들이 공부해야 할, 그리고 도전할 만한 하나님을 아는 지식이 바로 자신들 앞에 있었기 때문입니다. 현대를 살아가는 학생들에게 다른 것도 아닌, 성경의 진리가 고민거리가 된다는 것이 참으로 감격스러웠습니다. 가르치는 교사조차도 '과연 학생들이 그 뜻을 이해할까? 아직은 어리지 않을까?' 하고 우려했지만, 학생들은 어리지 않았습니다. 아니, 다르지 않다는 표현이 옳을 듯합니다. 그들도 동일하게 영혼을 소유한 존재들인 것입니다. 교리, 곧 성경의 진리가 그들의 영혼을 만졌습니다. 동일하게 영혼을 가진 존재이기에 학생들은 당연히 진리에 반응했습니다. 첫 반응이 바로 하나님과 자신의 영혼에 대해 고민하고 생각하는 것이었습니다.

몇몇 고등학생들은 하나님의 속성, 곧 '유일하심', '완전하심' 등과 같은 말에 예민하게 반응했고, 며칠 동안 그것에 대해 집중적으로 이야기했습니다. 어떤 학생은 저를 찾아와 자신이 예수 그리스도를 모르는 것 같다고 말하면서 기도해 달라고 했습니다. 그때 떨리는 가슴을 부여잡고 진심으로 기도했던 것이 기억납니다.

또한 아이들은 학문의 각 영역에 드러나 있는 하나님의 섭리에 반응했습니다. 교리문답 자체가 역사적 유산이기 때문에 학생들은 역사를 이끄시는 하나님에 관해 듣고 나누었습니다. 특히 웨스트민스터 표준문서들이 만들어진 기간과 그 일을 위해 함께 모였던 수많은 총대들을 보면서 많이 놀라기도 했습니다. 그동안 학생들에게 역사란 지루한 사건과 연도를 외우는 것에 지나지 않았기에 이러한 인식의 변화는 참으로 고무적이었습니다. 아울러 신앙의 선배들이 진리를 지키기 위해 어떻게 살았는지에 대해서도 함께 나누었습니다. 이러한 역사는 학생들이 교리문답을 대하는 태도에 커다란 영향을 미쳤습니다. 우리가 현재 누리고 있는 교리적 풍성함이 경건한 선배들의 피땀으로 얼룩진 어깨 위에 있다는 것을 알게 되었기 때문입니다. 학생들에게 전달된 역사적 정보가 그들의 의지와 감정을 건드리는 것을 보면 교사로서 정말 행복합니다.

아이들이 교회사에만 관심을 보인 것은 아니었습니다. '역사' 자체에 대해 다시금 생각하게 되었기에 한국사에도 많은 관심을 보였습니다. 이런 분위기를 유지하고자 인문 사회 독서반을 개설하고, 한국사에 관한 책으로 프로젝트 수업을 진행하기도 했습니다. 학생들은 역사를 살펴봄으로써 우리가 살아가는 이 시대에 하나님께서 원하시는 것이 무엇인지를 고민하였으며, 자신들의 소논문집을 펴내기도 했습니다. 현대의 사회 문제에 대한 인식도 많이 달라졌습니다. 학생들은 역사의 사건들을 통해 이 시대를 바라보면서 지금 겪는 문제가 결코 새로운 것이 아님을 알게 되었습니다(이 부분에 관해서는 『십계명』과 『특강 소요리문답』이 많은 도움이 되었습니다. 대부분의 학생들이 그 책들을 참고하면서 '아! 이렇게 할 수 있구나!'라는 적용점을 찾을 수 있었습니다). 또한 그리스도인으로서 마땅히 가져야 할 윤리적·도덕적인 측면에 대해 생각하는 계기가 되었습니다.

과학에 대한 관심도 많았습니다. 제가 과학 교사라는 점도 어느 정도 작용했습니다. 교리를 공부하면서 모든 피조물을 유지하시는 하나님에 관해 배운 학생들은 그것을 확장해 과학과도 연결하고자 했습니다. 진화론 사상에 물든 생명과학을 배우면서도, 학생들은 생명이 유지되는 것과 관련된 수많은 메커니즘 가운데 하나님의 섭리를 조금이나마 볼 수 있었습니다. 몇몇 학생들의 모습은 교사로서 함박웃음을 짓게 하였습니다. 어떤 학생은 산책하다가 개미를 밟으면 안 된다면서 줄지어 지나가는 친구들에게 줄지어 기어가는 개미들의 위치를 알려 주기도 했습니다.

느리지만 조용하게, 그러나 분명한 신앙적 변화

또 하나 언은 유익은, '예배'에 대한 진지함입니다. 어떤 사람들은 학생들이 큰 소리로 찬양하지 않는다고, 적극적으로 참여하지 않는다고 말하면서 학생들의 예배 태도를 판단합니다. 맞습니다. 그것들도 분명 학생들의 예배 태도를 판단하는 데 어느 정도 영향을 줄 수 있습니다. 그러나 그들은 잘 모릅니다, 주기도문을 공부하고 그 내용에 대해 고민하며 질문한 학생들이 예배 중에 어떻게 주기도문을 조용히, 한 단어 한 단어 읊조리고 있는지를. 그들은 잘 모릅니다, 세례에 대해 공부하고 고민한 학생들이 세례를 받기 전날 기쁜 마음으로 제게 달려와 자신의 설렘을 어떻게 전하는지를. 그들은 잘 모릅니다, 하나님을 찬양한다는 의미를 생각하고 고민한 학생들이 교회에서 찬양팀으로 섬기면서 자신들이 고백할 찬양의 가사가 성경적인지 아닌지를 긴 시간 고민하는 것을. 그들은 잘 모릅니다, 비록 작은 소리의 찬양일지라도 '어린양'이라는 한 단어 때문에 가슴을 쥐며 부르는 학생이 있다는 것을.

교회에 관한 학생들의 생각도 많이 변했습니다. 교리를 통해 교회가 무엇인지를 배운 학생들은 자신이 교회를 어떻게 섬겨야 할지를 생각합니다. 교회와 함께 있는 학교이기에, 저는 학생들이 교회의 각 부서에서 어떻게 섬기는지를 잘 알고 있습니다. 그저 관람객이 되어 구경만 하는 것이 아니라 자신이 그리스도의 몸 된 교회의 지체라는 사실을 깨달은 학생들은 어떤 모습으로 교회를 섬겨야 할지를 고민합니다. 현재 고등학교의 학생 절반 이상이 고등부 및 다른 부서에서 찬양팀과 선교 지원, 기도회, 교사 등으로 섬기고 있습니다.

물론 교리가 모든 학생들의 모든 면에 영향을 끼친 것은 아닙니다. 이 아이들도 동일하게 대한민국에서 살아가는 고등학생들입니다. 정도의 차이는 있지만, 보통 학생들과 별로 다를 바 없는 고민들을 가지고 있습니다. 특별히 입시를 준비해야 하는 나이이기에 교리를 공부한다는 것이 부담스러울 수 있습니다. 실제로 교사든 학생이든 그러한 부담감을 안고 있습니다. 그러나 교리를 공부한 학생들은 자신의 진로에 관해 고민할 때도 확실히 다른 면이 있습니다. 물론 고3이 되어 진학을 코 앞에 두게 되면, 갈 수 있는 학교가 어디인지, 나의 점수는 어느 정도인지에 대해 여타 학생들과 동일하게 아니, 더 깊이 고민합니다. 그러나 갈등이 생길 때마다 자신이 배운 바 교리를 떠올리면서 시류에 휩쓸리려 하는 자신의 생각을 채찍질합니다. 솔직히 교사가 볼 때는 안타깝기도 하고 기특하기도 합니다. 성경의 가치관에 따라 자신의 생각을 고치려고 애쓰는 모습 자체가 안쓰럽지만, 동시에 그것이 그리스도인의 모습이기에 기특합니다. 그 밖에도 우리 학생들만의 특징인지는 모르겠지만, '고아와 과부'를 염두에 두는 학생들이 많습니다. 즉, 많은 학생들이 사회적 약자에 대해, 또한 그러한 사람들이 생길 수밖에 없는 사회 구조에 대해 고민할 뿐만 아니라, 그런 고민이 진로를 결정하는 데도 많은 영향을 끼칩니다.

"이렇게 살면 안 되겠지요?"

마지막으로, 한 학생의 고백을 전할까 합니다. 어느 날, 고등학교 2학년이었던 한 여학생이 저를 찾아와 건넨 말입니다. 저는 그 학생의 고백을 듣고서 저 자신을 돌아보게 되었습니다.

"선생님, 제가 교리를 아무리 봐도 말이에요, 만약 교리의 내용이 맞다면 저는 이렇게 살면 안 되는 거겠지요? 저는 솔직히 하나님께서 계신지 확신할 수 없어요. 그런데, 하나님께서 계시다고 믿는 순간부터는 지금처럼 살 수 없을 것 같아요. 교리는 꿈이 아니라 뚜렷한 현실이더라고요."

놀랄 수밖에 없었습니다. '신앙이 현실이다'라는 말이 저희 가정의 가훈이었기 때문입니다. 저는 학생과 함께 기도했습니다. 신앙이 현실이며, 성경의 진리가 현실이며, 교리가 현실이 되는, 그러한 삶을 살게 해 달라고 말입니다.

무리라고 느껴지는 교리교육은 결코 무리가 아닙니다. 그것은 이 땅에 반드시 회복되어야 할 귀하디 귀한 신앙의 유산입니다. 이 글을 쓰는 지금도 그 사실이 마음속 깊이 새겨집니다. 오직 하나님께만 영광을 돌립니다.

디딤돌

수업 전 효과적인 질문을 던지기

어느 날 소요리문답 4문을 공부하는데, 학생들이 3문에서 4문으로 이어지는 맥락을 이해하기 어려워하는 듯했습니다. 그래서 수업을 시작하기 전에 어떤 질문을 던지면 좋을지를 고민했습니다. 제가 학생들에게서 들어야 할 대답은 "명령을 알기 전에 명령하신 분을 알아야 한다"는 것이었습니다. 저는 아빠가 심부름을 시킬 때와 선생님이 시킬 때의 느낌이 어떻게 다른지를 말해 보라고 했습니다. 그러고는 왜 다른지를 물었습니다. 학생들은 "시키는 사람이 다르니 당연히 다르다"라고 매우 '단순하게' 대답하였지요. 저는 좀 더 들어가, 사람이 다른데 왜 다르게 느껴지느냐고, 상당히 억지스러운 질문을 던졌습니다. 그러자 제가 원했던 것과 비슷한 대답이 나왔습니다. 그리하여 학생들은 '명령의 내용을 알기 전에 명령하신 분이 어떤 분인지를 알아야 한다'는 생각을 가지고서 4문을 공부할 수 있었습니다.

우리 학생들, 사랑스럽네요!

한국 교회는 입시를 앞둔 고3 수험생을 공부냐 신앙이냐 하는 갈림길에 세워 두고 방치하곤 합니다. 부모가 공부에 집중하라며 주일 예배 참석을 막기도 합니다. 학생들은 일생일대의 선택 앞에서 어른들이 제시하는 타협안을 들으며 갈등하지만, 도움의 손길은 부족하기만 합니다. 여기, 입시를 준비하는 기간에도 신앙을 지키기 위해 도움을 청한 학생들이 있습니다. 그리고 그 요청에 응답한 부모와 교사의 사례가 있습니다.

"지금 집사님의 도움이
너무나 절실한 아이들이 있어요!
제가 학교에서 저희 반 기독교인 친구들 6,7명을 모아,
고3 기간에 서로 기도하고 응원하면서
생활 속에서 하나님을 잊지 말고 의지하자는 취지로
나누는 모임을 만들었어요.
……저희끼리 이야기하다 보면 성경적으로 궁금한 것,
또는 믿지 않는 친구들이 궁금해하는 것에 대한 질문이 나올 때가
자주 있어요.
……저희가 일주일 또는 이 주일에 한 번이라도
질문을 이메일로 보내 드리면
도와주실 수 있으세요?"

03
선생님, 저희 좀 도와주세요!

신재원 |

몇 년 전에 교회에서 봉사할 부서를 찾다가 고등학교 1,2학년으로 이루어진 부서에 교사가 부족하다는 소식을 들었습니다. 마침 저는 성경과 더불어 역사적 신앙고백서를 공부하면서, 우리가 믿는 삼위일체 하나님이 어떠한 분이신지, 그분이 우리에게 주신 복음의 가치가 무엇인지, 그 복음으로 인해 신자로서 받은 복이 얼마나 큰지를 깨달아 가고 있었습니다. 그래서 이 엄청난 진리를 누구에게라도 알리고 싶었지만 구체적인 방법을 몰라서 기도하고 있던 차였습니다. 그래서 기꺼이 교사에 지원했습니다.

우리 반 아이들과의 분반 공부 시간은 제게 허락된 가장 소중한 시간이었습니다. 기존의 분반 공부는 고등 1,2부 학생들이 교회에서 정한 청소년용 QT 교재를 중심으로 공부하는 방식으로 진행되고 있었습니다.

그런데 그 교재에는 소위 'QT식' 성경 해석이 가득했습니다. 그렇다고 우리 반만 유별나게 다른 교재로 공부하는 것도 바람직하지 않은 듯했습니다. 그래서 저는 교재의 본문을 그대로 따르고 그 내용도 다루되, 일주일 동안 제가 먼저 깊이 묵상한 후에 신앙고백서나 교리문답의 도움을 받아 학생들과 나누는 방법을 택하였습니다.

예를 들어, 창세기 1장이 본문인 주일에는 다음과 같이 진행했습니다. 하나님의 창조 목적에서부터 시작하여, 이와 연결하여 사람의 주된 목적이 무엇인지를 먼저 확실히 밝힙니다(웨스트민스터 소요리문답 1문 참고). 그리고 소요리문답에서 창조와 섭리를 하나로 묶어 하나님께서 작정을 이루어 가시는 수단으로 설명하는 것에 착안하여, 소요리문답 7-11문답까지의 내용을 설명합니다. 이때 교리를 먼저 배운 교사의 입장에서는 신앙고백서의 문구가 당연하겠지만, 학생들에게는 생소할 수 있다는 데 주의해야 합니다. 예를 들면, 하나님의 작정이 "①하나님의 영광"을 위하여 "②모든" 되어 가는 일을 "③미리 결정하신 것"이라고 정리되는데, 이 내용을 학생들에게 곧장 들이밀면 거부감을 줄 수 있습니다. 그래서 먼저 관련된 성경 구절을 최대한 많이 찾아 같이 읽으면서, 학생 스스로가 생각하여 답을 이끌어 내도록 했습니다.

또한 부활절에는 성육신(소요리문답 21,22문답), 그리스도의 직분(23-26문답) 및 그리스도의 두 상태(27,28문답)를 다룰 수 있습니다.

이런 식으로 52주 동안 학생들과 함께하면서, 학생들이 1년 동안 신앙고백서나 교리문답에 요약된 기독교 교리를 한 번 이상 접할 수 있도록 진행했습니다. 물론 주어진 시간 안에 학생들과 교감하면서 내용도 짜임새 있게 다루려면 교사가 한 주 동안 깊이 고민해야 합니다. 하지만 그만큼 보람이 있습니다.

그 밖에도 총무 교사로서의 역할을 십분 활용했습니다. 가장 먼저, 광고 시간에 짧게나마 삶을 나누고 신앙의 기본을 전했습니다. 또한 매주 영양가 없는 글로 채워지던 주보 한쪽 면을 교리 해설을 위한 공간으로 바꾸었습니다. 사도신경에 대해 약 60주, 십계명에 대해 약 20주, 그리고 주기도문에 대해 약 20주, 이렇게 2년 주기로 매주 역사적 신앙고백서와 교회의 전통을 따른 해설을 실은 것입니다. 학생들이 글을 꾸준히 읽기만 한다면, 고등 1,2부에 머무는 2년 동안 신앙의 뼈대라고 할 수 있는 사도신경, 십계명, 주기도문을 적어도 한 번씩은 정리할 수 있도록 돕고자 했습니다. 내용을 구성할 때는 개인적인 생각이나 묵상의 결과가 아니라 공교회적 가르침을 우선했습니다. 그러면서도 학생들이 이해하기 쉽도록, 그리고 교리가 바로 삶임을 깨달을 수 있도록 글을 쓰려고 나름대로 최선을 다했습니다.

그렇게 2년이 흘렀고, 제가 고등 1,2부 교사를 시작했을 무렵 고등학교에 갓 입학했던 친구들이 고등학교 3학년이 되었습니다. 2년 동안 정이 든 아이들과 함께하지 못하는 아쉬움을 해결하는 방법은 단 하나, 제가 고등 3부 교사를 하는 것뿐이었습니다. 결국 저는 고등 1,2부와 고등 3부를 동시에 섬기게 되었습니다.

그러던 어느 날, 고3 학생에게서 "집사님, 지금 집사님의 도움이 너무나 절실한 아이들이 있어요!"로 시작하는 긴 문자를 받았습니다. "저희는 궁금한 게 너무나 많아요……많이 바쁘시겠지만, 저희가 일주일 또는 이 주일에 한 번이라도 질문을 이메일로 보내 드리면 도와주실 수 있으세요?" 한 아이가 학교에서 함께 기도하고 성경을 공부하는 고3 기도 모임을 대표하여 오랜 고민 끝에 보낸 문자였습니다. 이렇게 저는 대전 모 고등학교 3학년 학생들과 더불어 서로를 위해 기도하고 가르치며 배우는 교제를 계속하게 되었습니다.

수능 시험을 마치고 나서, 그렇게 함께했던 고3 학생에게 뜻밖의 문자가 또 왔습니다. 수능을 마치고 대학에 입학하기 전까지 함께 성경 공부를 하고 싶다는 것이었습니다. 더욱 감사한 것은, 학생 스스로 원하기도 했지만 무엇보다도 부모님들이 그렇게 권유하셨다는 것입니다. 우리 교회에 출석하는 부모님들과는 몇 번 인사를 나누었지만, 다른 교회에 출석하는 부모님이 알지도 못하는 다른 교회의 집사에게 자녀들의 성경 공부를 맡기는 것이 쉽지는 않았을 텐데 말입니다. 그래서 더욱 감사했습니다. 알고 보니, 부모님들도 저와 학생들이 그동안 주고받은 이메일을 보셨기에 믿고 부탁할 수 있었다고 합니다.

그러나 어려움이 많았습니다. 우선, 모임 시간을 정하는 것부터가 쉽지 않았습니다. 주중에는 제가 직장 생활을 하면서 저녁에는 가족과 함께해야 했기 때문입니다. 결국 주말로 시간을 정해야 했는데, 학생들이 모두 같은 교회에 다니는 것도 아니고, 게다가 하나같이 교회에서 임원으로 열심히 섬기는 까닭에 주일 저녁 외에는 시간이 나지를 않았습니다.

감사하게도 성경 공부가 끝나는 늦은 밤에 부모님들이 번갈아 가면서 아이들을 차로 데려다 주는 수고를 감당해 주셨기에 주일 저녁에 모일 수 있었습니다.

　우리에게 주어진 기간은 너무나 짧았습니다. 기껏해야 열 번 정도 모일 수 있더군요. 고민 끝에 로마서 1-8장을 공부하기로 했습니다. 그것이 짧은 시간에 복음의 정수를 배울 수 있는 가장 효과적인 방법이라 생각했습니다. 그리고 결국 앞으로는 학생들이 스스로 교리를 배우고 성경을 읽어 가야 하기에, 특별히 가장 조직적이면서도 복음의 정수가 드러나는 로마서를 통해 기독교의 기본 교리를 배우고 성경을 읽는 연습을 하고자 함이었습니다. 로마서를 선택했지만, 결국 본문을 통해 교리를 공부했다고 할 수 있습니다. 교리가 성경의 뼈대요 기초이므로 학생들의 앞날을 위해서도 그것이 유익하리라 생각했습니다. 로마서 1장 1-7절에서 로마서 서론과 삼위일체, 기독론, 칭의와 선행의 관계 등을 모두 다루다 보니, 일곱 구절을 공부하는 데 무려 열 시간이 넘게 걸렸습니다.

　한 번 모일 때마다 쉬는 시간 없이 2시간 반에서 3시간을 연속으로 공부했는데도, 어느 누구도 한 순간도 지겹다는 생각을 하지 않았습니다. 한 시간쯤 지났을까 해서 시계를 보면 벌써 마칠 시간이라 매번 깜짝 놀라곤 했습니다. 1장 후반부와 2장을 공부하면서는 십계명에 대해서도 간단히 다루었는데, 십계명 공부를 마치던 날 한 학생이 한 말을 잊을 수가 없습니다.

　"선생님, 십계명을 조금 공부했을 뿐인데, 저희는 정말 죄 짓는 일 말고는 할 수 있는 게 하나도 없는 것 같아요. 정말 죄를 엄청나게 짓고 사는데 그게 죄인 줄도 모르고 살았어요."

이렇게 말하는 학생의 침통한 마음을 잘 알면서도 한편으로 제 마음은 참으로 기뻤습니다. 왜냐하면, 죄에 대한 그러한 각성이 있어야만 곧 배우게 될 복음이 진정 기쁜 소식이 되기 때문입니다.

어느덧 로마서 3장 21절에서 4장까지의 본문을 살피게 되었습니다. 신약과 구약을 넘나들면서 복음에 대해 어느 정도 배웠을 무렵, 대학 입시 결과가 속속히 발표되기 시작했습니다. 그런데 모두가 만족할 만한 결과는 아니었습니다. 이때부터 저는 정면 돌파를 시도했습니다. 우리의 삶이 곤고하고 역경에 처해 있을 때 하나님의 하나님 되심을 고백하는 것만이 유일한 위로임을 잘 알기에, 하나님의 작정, 섭리, 예정으로 펼쳐지는 역사 가운데 하나님께서 주권적으로 행하신다는 것과 그 안에서 우리가 어떠한 자세로 살아야 하는지를 계속 다루었습니다. 이러한 시간을 통해 학생들은 지난날의 실수와 불순종에 대해 회개하는 동시에, 각자가 지금 서 있는 자리가 하나님께서 계획하고 인도하신 자리임을 깨닫고, 그래서 우리의 생각으로는 다 이해하지 못해도 지금 이 자리가 자신에게 최선임을 고백하게 되었습니다.

더 나아가 앞으로 하나님께서 나를 어떻게 인도하실지 모르지만 그렇다고 불안해하거나 두려워하는 것이 아니라, 하나님께서 우리의 인생을 주관하고 인도하신다는 사실을 더욱 굳게 믿고, 이 확신 위에서 감사와 평안 가운데 기도하고 예배하며 열심으로 대학 생활에 임할 것을 다짐했습니다.

앞으로 우리의 삶에서 푸른 초장이 펼쳐질 때도 있고 사망의 음침한 골짜기를 거닐 때도 있겠지만 환경이 중요한 것이 아니며, 우리가 어디에 있든지 우리의 목자 되신 예수님으로 인해 충분히 기뻐할 만하다는 고백이 저 혼자만의 고백은 아니었으리라 믿습니다. 대학교 입학식을 하루 앞두고 마지막으로 공부하던 날 밤, 로마서 8장을 한목소리로 읽으면서 모두가 눈시울을 붉혔습니다.

"내가 확신하노니 사망이나 생명이나 천사들이나 권세자들이나 현재 일이나 장래 일이나 능력이나 높음이나 깊음이나 다른 어떤 피조물이라도 우리를 우리 주 그리스도 예수 안에 있는 하나님의 사랑에서 끊을 수 없으리라"(롬 8:38,39).

모든 영광과 감사를 오직 우리 하나님께 돌립니다.

필자는 현재 고등학교 교목으로 일하고 있습니다. 대학 시절부터 교리문답의 중요성을 인식하고, 그것을 어떻게 전달할지를 고민해 왔습니다. 이런 고민은 자연스럽게 교리문답 강해 설교와 교재 제작의 꿈으로 이어졌습니다. 고등학생을 대상으로 하이델베르크 요리문답을 가르쳤던 필자의 이야기를 들어 보십시오.

"교리문답은 개혁주의 교육자들이 사용할 수 있는
가장 강력한 도구입니다.
우리가 사용할 수 있는 진검이지요.
이것을 잘 사용하면 교회교육이 바로 설 수 있습니다."
이 한마디가 내게 큰 울림으로 다가왔습니다.

04
교리문답, 그 '낯섦'과 '날 섬' 사이에서

정동건

나의 대학 전공은 익숙하면서도 생소하고, 명확하면서도 모호한 분야였습니다. '총신대학교 기독교교육과!' 내 삶에 가장 깊이 박힌 나의 성향은 대학 시절에 형성되었습니다. 왠지 모르게 나는 주로 실용적이고도 실제적인 것을 추구했습니다. 그래서일까요? 대학에서 배우는 기독교교육은 내게 잘 맞는 옷과 같았습니다. 무엇보다도 기독교교육은 "하늘의 신령한 것"을 "땅에 펼치는" 것이라고 생각합니다. 어찌 보면 현학적인 신학을 가르치는 대상에게 맞는 문화와 수준, 언어와 사고로 재해석하여 가르치는 것이 기독교교육입니다. 내게는 무엇보다도 이것이 가장 중요하고 매력적인 분야로 다가왔습니다.

'기독교 기본 교리 I'은 학부 신학과의 김광열 교수님이 항상 개선하시는 필수과목으로, 1년 동안 듣는 수업이었습니다. 나는 1학년 때 이 과목을 수강했지만, 성적이 그리 좋지 못했습니다. 공부하는 법을 몰랐기 때문입니다. 그러나 이 과목을 통해 교회에서 배웠던 소요리문답을 좀 더 명확히 알게 되었습니다. 그리고 나서 1년 후, 안식년을 맞이하신 교수님 대신 학부 선배인 김우정 목사님의 강의로 마저 듣게 된 '기독교 기본 교리 Ⅱ' 수업은 교리문답이라는 것을 붙드는 계기가 되었습니다. 목사님이 하신 한마디가 내게 아주 강렬한 동기를 부여했습니다.

"교리문답은 개혁주의 교육자들이 사용할 수 있는 가장 강력한 도구입니다. 우리가 사용할 수 있는 진검이지요. 이것을 잘 사용하면 교회교육이 바로 설 수 있습니다."

이 한마디가 내게 큰 울림으로 다가왔습니다. 나는 그때부터 두 가지를 꿈꾸게 되었습니다. 하나는 교리문답 강해 설교이고, 다른 하나는 교리문답을 기반으로 한 교재를 만드는 것입니다. 교리문답을 토대로 공과나 제자 훈련 교재를 만든다면, 탄탄한 교리적 기반 위에 삶이 어우러진 최고의 교재가 나오지 않을까 생각했습니다. 그러나 이 모든 것은 그저 꿈이었습니다. 하루하루 교리문답은 내게서 잊히고 있었습니다. 그러던 중, 이 오랜 계획을 실천에 옮길 기회가 찾아오고야 말았습니다.

하이델베르크 요리문답 강해의 계획

교회와 학교 양쪽을 다 섬기던 지난 몇 년, 특히 2011년은 기억에 남는 해입니다. 10년 동안 어린이 사역만 하다가 처음으로 고등부를 맡게 되어 본격적으로 청소년 사역을 시작한 해이기 때문입니다. 부장 집사님과 함께 다음 해의 교육 프로그램을 논의하고 있을 때, 순간적으로 머릿속에 떠오르는 것이 있었습니다. 바로 '하이델베르크 요리문답'입니다.

하이델베르크 요리문답은 일단 본문이 52주로 나뉘어 있어서 실용적이었고, 웨스트민스터 대·소요리문답에 비해 조금 더 감성적인 면모가 돋보였습니다. 본문이 길어서 암송하기에는 조금 버거울 정도이지만, 오히려 친절히 설명하는 듯했고, 한 주에 다룰 분량을 정해 놓았다는 점이 교육적 측면에서 무척 매력적이었습니다. 고민 끝에 2012년에는 하이델베르크 요리문답 강해 설교를 중심으로 예배를 진행하고, 반 모임 시간에는 설교에서 다룬 문답을 나눌 수 있도록 간단한 교재를 제작하기로 했습니다. 부장 집사님도 흔쾌히 동의하셨고, 교사 월례회에서 하이델베르크 요리문답 강해를 시작한다고 선포함으로써 '빼도 박도 못하는' 상황을 만드는 데 일단 성공했습니다. 남은 것은 나만 잘 준비하면 되는 부분이었습니다.

그런데 웨스트민스터 요리문답은 배워 보기라도 했지만, 하이델베르크 요리문답은 어떻게 준비해야 할지……. 막상 저지르고 보니 난감한 점이 한두 가지가 아니었습니다. 속이 타들어가기 시작했습니다.

교리문답 강해를 위한 준비

시작부터 몇 가지 문제가 발견되었습니다.

첫째, 신앙고백서의 공인 번역본이 없었습니다.

둘째, 기본적으로 용어가 지나치게 어렵고 신학적입니다.

셋째, 고등학생들의 어학 능력이 예전보다 많이 떨어졌습니다.

내가 속한 교단인 대한예수교장로회(합동)의 교단 헌법에 웨스트민스터 신앙고백서와 대·소요리문답이 실려 있지만, 워낙 오래전에 번역된 본문이라 개정할 필요가 있어 보였습니다. 더욱이 도르트 신조나 하이델베르크 요리문답의 경우에는 아예 교단의 공인 번역본도 없는 상태였습니다.

용어도 문제였습니다. 교리문답에는 당연히 신학 용어가 꽤 등장할 수밖에 없는데, 신학에 대한 기초 지식이 없는 일반 성도나 청소년에게 이런 점은 교리문답을 두려워하게 만드는 요소였습니다. 게다가 고등학생들의 어학 능력도 문제였습니다. 기본적인 맞춤법 문제부터 상식이나 어휘에 이르기까지……. 글보다는 영상에 더 익숙한 디지털 세대이다 보니 아무래도 이 점이 가장 큰 걸림돌이 될 수밖에 없었습니다.

결국 다른 것은 감수할 수밖에 없었고, 번역본은 고민 끝에 독립개신교회의 판본을 채택했습니다. 이 판본은 본문을 주절과 종속절이라는 개념으로 분해하여 표기했기 때문에, 핵심 내용과 종속되는 내용을 판별하기가 쉽다는 큰 장점이 있었습니다. 가끔 낯선 용어가 있지만, 그때 그때 보완하면서 가기로 했습니다.

중간고사가 끝난 어느 날

육신의 부활(하이델베르크 요리문답 57,58문)에 대해 설교하는 주간이었습니다. 도입 부분에서 아이들에게 SG워너비의 "살다가"라는 노래 가사를 인용하여 이렇게 질문했습니다. "살다가, 살다가 힘들고 지칠 때 여러분들은 어디서 위로를 얻습니까?" 그리고 그날, 육신의 부활이 우리에게 주는 유익과 위로에 대한 강해를 이렇게 마무리 지었습니다.

"사랑하는 고등부 여러분, 하나님께서 이미 우리에게 영원한 생명을 주셨고, 여러분은 그 생명을 누리고 있다는 사실을 기억하기를 바랍니다. 하나님의 위로는 살아서나 죽어서나 영원합니다. 그리고 지금 이 순간에도 우리를 위로하십니다. 세상이 결과만 중요시하고, 승자에게만 관심을 가지며, 여러분이 받을 상처에는 아랑곳하지 않는다 할지라도 슬퍼하지 마십시오. 여러분에게는 하나님이 계십니다. 하나님께서 한없는 위로를 주십니다. 이미 영생을 주셨기 때문에 그 영생으로 인해 기쁨을 누리게 하시고, 여러분이 죽어서도 그분을 통해 위로받도록 하십니다. 그 위로가 여러분과 세상의 차이입니다."

중간고사가 끝난 뒤에 진행된 강해였습니다. 등급제로 평가받고 상처받는 아이들에게 교회는 어떤 위로를 줄 수 있을까요? 1등급만 챙기고, 소위 '서(서울대)-연(연세대)-고(고려대)-서(서강대)-성(성균관대)-한(한양대)'을 부르짖는 가운데 치여 사는 아이들에게 교리문답이 위로를 줄 수 있을까요? 세상의 등급과 점수가 주는 얄팍한 위로보다 더 강력한 위로는 영생으로 인한 기쁨, 그리고 "살아서나 죽어서나" 우리를 위로하고 우리와 동행하는 분이 계신다는 사실입니다. 이 메시지를 전할 때 충격적인 반응까지는 아니더라도 아이들의 눈빛이 살짝 빛났던 것을 기억합니다.

실패? 성공? 어쨌든 뿌려진 씨앗들

여기까지만 설명하면 굉장히 모범적인 사례가 될 수도 있을 것입니다. 그러나 실제로는 잘 모르겠습니다. 일단 아이들은 교리 설교를 굉장히 낯설어했습니다. 보통 청소년 사역자들은 비전이나 꿈을 주제로 설교하는 경우가 많습니다. 거기에 "기도하며 공부했더니 하나님께서 합격의 영광을 주셨다"라는 식의 성공주의 간증도 더해지곤 합니다. 그런 메시지에 익숙하던 아이들이, 학교와 학원과 가정에서 시달리던 아이들이, 한 번도 들어 본 적 없는 낯선 교리 설교를 듣게 된 것입니다. 위로받기를 원하고 자신을 알아주는 것 같은 설교를 원하는 아이들에게 "하이델베르크 요리문답"이라는 단어는 너무나 생소했습니다. 적응하기까지 두어 달의 시간이 필요했습니다. 나부터도 처음으로 교리 설교를 시도하는 까닭에 설교가 어렵고 지루해지기 일쑤였습니다. 평소에도 설교를 쉽게 하지 않는 편이었지만, 교리 설교는 더욱 쉽지 않았습니다. 많이 괴로웠습니다.

그러나 소득이 없지는 않았습니다. 아이들은 기독교 신앙이 맹목적이지 않으며 정교한 논리를 담고 있다는 것을 알게 되었습니다. 고민하기 시작했고, 교리문답을 통해 조금씩 믿음의 기초를 다지는 아이들도 생겨났습니다. 신앙에 대한 회의가 확신으로 바뀐 아이, 신앙에도 든든한 논리가 있다는 것을 깨닫고 기독교 신앙을 배우게 된 아이, 교리문답의 내용을 다 기억하지는 못해도 조금씩 신앙이 성장한다고 고백한 아이……. 비록 확연하게 드러나는 변화는 없지만, 공동체가 지향하는 믿음의 방향이 바뀌고, 좀 더 성숙한 믿음을 향해 나아가고 있다는 것이 느껴졌습니다.

한 가지는 분명합니다. 시도하면 반드시 무언가를 얻는다는 것입니다. 이것은 씨를 뿌리는 작업입니다. 하나님께서 반드시 아름다운 열매를 맺게 하실 것입니다. 날이 선 검은 잘 휘두르면 큰 위력을 발휘합니다. 다시 교육 부서를 맡더라도, 나는 하이델베르크 요리문답 강해를 시도할 것입니다.

특별히 고등부 선생님들에게 감사를 전합니다. 어떤 설교를 하든 변함없이 지지하고 격려해 주시는 그분들이 교리문답을 강해할 수 있었던 가장 큰 힘이었습니다. 강해를 진행하는 동안 힘이 되었던 한 선생님의 위로를 독자 여러분께 전하고 싶습니다.

"괜찮아요, 목사님! 목사님은 잘 뿌리셨잖아요.

하나님께서 분명히 거두실 거예요.

수고하셨어요. 은혜 많이 받았어요."

디딤돌
교리 설교의 실제 준비 과정

매주 교리 설교를 어떻게 준비해야 할까요? 부족하게나마 지난 2년간 진행했던 과정을 간단히 소개하겠습니다.

1) 준비 1 교리문답 직접 읽어 보기

가장 중요한 것은 교리문답을 직접 읽어 보는 것입니다. 이때 앞뒤 문맥을 살펴야 합니다. 예를 들어, 13주차를 준비하려면 13주의 내용(예수 그리스도를 왜 "하나님의 독생자"이자 "우리 주"로 부르는가)만 읽고 준비하는 것보다는, 12주("그리스도"라는 호칭과 "그리스도인")와 14주(그리스도의 잉태와 탄생)의 내용도 가볍게 읽어 보는 것이 유익합니다. 그래야 흐름을 알 수 있습니다. 그리고 교리문답 본문뿐만 아니라 근거 성구도 함께 살펴보면 도움이 됩니다. 설교를 준비하기도 전에 근거 성구로 은혜를 받는 경우도 종종 있었습니다. 국내에 출판된 독립개신교회의 번역본은 성경 구절이 전부 표기되어 있어서 상당히 유용합니다.

2) 준비 2 강해 내용 결정하기

하이델베르크 요리문답은 1년 동안 가르칠 수 있도록 구성되어 있습니다. 그러나 아직 교리문답에 낯선 아이들에게 교리를 설교하면 자칫 거부 반응을 불러올 수도 있습니다. 고심한 끝에 조금 더 긴 호흡으로 가기로 결정했습니다. 고등학생들의 중간·기말고사 기간 전후로 2,3주 가량은 조금 가벼운 내용으로 설교하거나 성경 본문을 정해 그것을 강해하면서 교리문답 강해를 병행하기로 했습니다. 그리고 내용이 너무 어렵거나 긴 경우에는 한 주에 끝내지 않고 두 주에 걸쳐 진행하기로 했습니다. 예를 들면, 시험 기간과 맞물린 8주차 내용인 삼위일체(하이델베르크 요리문답 24,25문)에 대한 강해는 시험 기간 이후로 미루었습니다. 하이델베르크 강해를 잠시 중단하고 다른 본문을 강해한 것입니다.

3) 준비 3 번역 작업

또 다른 준비 작업은 번역이었습니다. 아직 공인역이 없기 때문이기도 하거니와, 청중을 위해 좀 더 쉬운 번역본이 필요하다고 판단했기 때문이었습니다. 아쉽게도 라틴어와 독일어는 내게 먼 나라의 언어였습니다. 그래서 한글역본 4,5개와 영역본을 참고하기로 했습니다. 주로 독립개신교회의 번역본, 합동신학대학원대학교의 이승구 교수님과 김병훈 교수님의 번역, 독일의 어느 한인 교회 목사님의 번역, 인터넷에서 발견한 출처 불명의 번역본을 참고하였으며, 영역본도 보았습니다. 또한 부족하게나마 독일어판을 찾아 번역기나 사전의 도움을 받아 함께 보려고 시도했습니다. 이렇게 해서 조금이라도 더 정확한 표현을 찾은 후에는 주위에 신학적으로 조예가 깊은 분들에게 감수를 부탁해 다듬었습니다.

4) 내용 파악하기

교리문답 강해는 일반적인 강해와는 조금 달랐습니다. 우선 정확한 교리적 이해를 추구해야 했고, 그러기 위해 하이델베르크 요리문답의 내용을 깊이 연구해야 했습니다. 몇 권의 책을 구입해 읽으면서 요리문답의 전체적인 내용을 파악하기 시작했습니다. 강해를 준비하면서 참고했던 책들을 몇 권 간단히 소개하겠습니다.

① 『하이델베르크 요리문답해설』(자카리아스 우르시누스 저, 크리스챤다이제스트)

올레비아누스와 함께 요리문답을 작성한 우르시누스가 직접 저술한 강해서입니다. 뭐니뭐니해도 이 책이 가장 기본이 되었습니다. 이 책은 워낙 깊이 있고 심오하기 때문에 쉽게 진도가 나가지는 않았습니다.

② 『진정한 기독교적 위로』(이승구 저, 여수룬)

합신의 이승구 교수님도 두 권의 강해서를 냈는데, 그중 첫 번째 책인 이 책은 실질적인 밑바탕이 되었습니다. 학적인 깊이도 있을뿐더러 직접 강의하는 듯한 생동감이 묻어났습니다.

③ 『하이델베르크 요리문답 강해』(김헌수 저, 성약)

이 책은 모두 다섯 권으로 되어 있습니다. 독립개신교회 신학교 교수로 재직 중인 김헌수 목사님의 강해서는 쉬우면서도 매우 세밀하게 설명되어 있습니다. 하이델베르크 요리문답 강해를 준비하는 사람들에게 꼭 추천하고 싶은 책입니다.

④ 『소그룹 양육을 위한 하이델베르크 요리문답』(김병훈 저, 합신대학원출

판부)

현재 두 권으로 출판되어 있습니다. 김병훈 교수님은 평소에도 워낙 깊이 있는 강해로 유명하신데다가 조직신학자답지 않게 부드럽고 섬세하게 저술하여 쉽게 읽을 수 있었습니다. 내용도 알차고, 첨부된 '생각해 볼 문제'도 유용했습니다.

⑤ 『특강 하이델베르크 요리문답』(이성호 저, 흑곰북스)
이 책은 강해가 한창 진행되고 있을 무렵에 출간되는 바람에 많이 참고하지는 못했지만, 쉽게 설명되어 있습니다. 특히 '요리문답 마인드맵'은 이 책의 백미입니다.

이러한 과정을 거치면서 교리문답을 공부하는 동안 미처 이해하지 못했던 내용이 확신으로 바뀌었으며, 설교의 가닥이 완전히 잡혔습니다.

5) 성경 본문 확정

성경 본문을 정하는 일은 생각보다 중요합니다. 초창기에는 강해서에 제시된 본문을 따라 강해했으나, 이따금 본문에 드러난 교리를 더 잘 보여주는 다른 성경 본문을 선택하기도 했습니다. 7주차를 설교할 때는 "참된 믿음이란 무엇인가?"라는 질문을 위해 민수기 21장에 등장하는 놋뱀 사건 이야기를 본문으로 택하기도 했습니다. 설교의 제목은 "바라보면 살리라"였습니다. 이렇게 설교했더니 아이들이 좀 더 잘 이해했습니다. 물론 기본적으로는 제시된 근거 구절에서 설교 본문을 택하는 것이 가장 무난합니다. 그렇지만 만약 문답을 충분히 소화한 상태라면, 다른 본문을 선택하여 주해하면서 설교하는 것도 괜찮을 듯합니다.

6) 본격적인 설교 준비

이렇게 지난한 과정을 거치고 나서 본격적으로 설교를 준비합니다. 설교이기에 본문을 최대한 성실하게 주해하려고 노력하였습니다. 또한 원어를 살피고, 헤르만 바빙크의 『개혁교의학』(부흥과개혁사)을 참고하여 신학적인 내용을 보충하였습니다.

7) 설교를 위한 보조 자료 제작

종종 파워포인트를 활용하는 것도 꽤 효과적입니다. 특히 요리문답의 구조나 어려운 용어를 설명하거나 논란이 되는 주제를 제시할 때(예를 들어, 성찬에 대한 견해 등) 큰 도움이 됩니다. 성경 구절을 많이 인용하거나 요리문답 본문을 보여 줄 때도 요긴합니다. 가끔 주제와 관련된 자료를 제시할 때도 효과적입니다. 그러나 당연히 그런 것들보다는 성경과 요리문답 본문에 더 집중해야 합니다.

그 밖에도 주보에 그 주에 배울 요리문답과 근거 성구를 실은 인쇄물을 끼워 나누어 주었는데, 그것도 효과적이었습니다. 설교 중간에는 항상 설교자가 질문을 읽으면 회중이 답을 읽는 방식으로 요리문답을 낭독했는데, 특히 그때 그것이 대단히 요긴하게 활용되었습니다. 또한 여백이 충분할 때는 '생각해 볼 문제'를 두세 개 정도 제시하여 반 모임에서 활용할 수 있도록 했습니다. 본인들의 생각을 나누고, 한 주 동안 말씀대로 살 것을 다짐할 수 있게끔 질문을 구성해 보았습니다. 마지막 질문은 대개 "한 주 동안 당신은 -을 하며 살기를 원합니까?"라는 것이었으며, 그에 대한 답이 자연스럽게 기도 제목으로 이어지도록 하였습니다. 이렇게 꾸준히 인쇄물을 나누어 주자 선생님은 물론 아이들도 인쇄물을 모으기 시작했습니다.

8) 화룡점정(畫龍點睛), 삶에 적용하는 설교

강해하면서 가장 중요하게 여긴 것은, 삶과 연계되는 문제를 던져 주는 것이었습니다. 대개 교리를 삶과 동떨어진 것으로 착각하지만, 사실 교리는 성도의 삶과 밀접하게 연결되어 있으며, 삶에서 발견되는 질문에 답을 제시합니다. 그러므로 설교할 때도 현학적인 몇 마디 말보다는 실제로 고민할 수 있는 부분을 건드리는 편이 더 좋다고 생각합니다.

더 나누고픈 이야기

하루 만에 실패로 끝난 나의 첫 교리교육

_장은아

어느 날, 마산에서 『특강 소요리문답』과 『지금 시작하는 교리교육』의 저자인 황희상 선생님의 강의가 열렸습니다. 저자의 강의라니! 잔뜩 기대되었으나 한편으로 부담스럽기도 했습니다. 나의 교리교육은 '실패'로 끝난 것 같았기 때문입니다. 한 명의 아이라도 제대로 가르치고 싶었던 나름의 설렘과 열정이 있었지만, 이런저런 사정으로 미뤄지다가 그 아이가 대학에 가고 이내 군대에 가는 것으로 끝나고 말았던 것입니다. 가르칠 대상이 없으니 예습 삼아 공부하던 것도 흐지부지되고, 결국 책도 중간까지 읽다 말았습니다. 그렇게 1문만 함께 공부하고 끝나 버린 경험이 떠올랐습니다. 쓰라린 실패의 기억입니다.

강의 중에 무조건 암기하는 식이 아니라 교리의 내용을 스스로 생각하도록, '왜냐하면 -때문이다'라고 스스로 답을 찾아갈 수 있도록 가르쳐야 한다는 방법론을 듣자, 찔렸습니다. 딱 하루, 사람의 제일 되는 목적에 대해 공부했던 그날이 생각났기 때문입니다. "왜 그럴까?"라고 질문하긴 했지만, 얼른 대답이 나오지 않고 침묵이 길게 이어지자 어색하고 답답해서, 그 아이가 생각할 수 있도록 더 기다려 주지 못했습니다.

짧았던 나의 교리교육 경험은 이처럼 나를 불편하게 만들지만, 저자의 강의 가운데 다른 교회 아이들이 자발적으로 수업에 참여하는 모습을 담은 사진들을 보면서 그 불편함이 어느새 설렘과 도전으로 바뀌어 갔습니다. 우리 신앙의 선배들이 정치적, 종교적 탄압 속에서 피를 흘리면서까지 남겨 준 선물, 많은 선교사님들이 자신의 아이를 이 땅에 묻으면서까지 우리에게 전하고자 했던 내용들, 나부터라도 귀하게 여기고 열심히 공부해야겠다는 생각이 들었습니다. 그들이 우리에게 남긴 신앙고백서와 교리문답은 우리의 삶과 동떨어진 이론이 아니라, 실제로 하나님 앞에서 신자가 어떻게 살아야 하는지를 알려 주는 '삶'의 고백이기 때문입니다. 먼저 내가 잘 알아야 할 듯합니다. 그리고 이 앎이 나의 삶으로 이어지기를, 그리하여 언제가 될지는 모르지만 자라나는 세대에 교리를 전하는 일에 조금이라도 기여할 수 있게 되기를 기도합니다.

* **장은아 전도사님은** 총신대 신대원을 졸업하고 교회에서 사역하고 있습니다. 여러 원고를 엮으면서, 이 짤막한 교리교육 실패담이 마음에 와 닿았습니다. 실패담인데도 희망이 담겨 있어서 감동적이었습니다. 이처럼 교리교육의 중요성을 깨닫는 순간 방법론을 고민하게 되고, 그러면서 가르치는 사람이 먼저 변하기 위해 몸부림치게 될 것입니다. 배우는 사람 이전에, 가르치는 사람의 삶에서 일어나는 성장과 변화가 아름답게 느껴집니다.

필자는 대학 시절에 청소년을 대상으로 하는 선교단체 활동을 한 것을 시작으로 하여 오랜 시간 청소년 사역을 해 왔습니다. 풍부한 경험을 바탕으로 청소년 교리교육의 비결을 풀어내는 그의 글을 통해, 현장에서 성경과 교리를 제대로 가르칠 수 있는 최선의 방법을 함께 고민해 봅시다.

교회교육은
하루아침에 뚝딱 해결할 수 있는 일이 아닙니다.
교육의 대상은 '사람'이고,
그 사람을 성숙한 신자로 성장시키는 데는
오랜 시간이 필요합니다.

05
신앙의 뿌리, 요리조리 맛보기

조약돌
|

가장 쉬운 방법인 교리교육, 그러나……

교육 부서를 책임지는 교역자들은 항상 고민이 많을 것입니다. 특히 무엇을 교육할지에 대한 고민은 만만치 않습니다. 그런데 저는 적어도 이 부분에서만큼은 늘 자유로웠습니다. 무엇을 교육할 것인지 망설이지 않았습니다. 교리문답이 있기 때문입니다. 저는 대학교 1학년 때 청소년 선교 단체 간사를 시작하고서 그때부터 지금까지 약 17년간, 교리문답 교육을 하지 않은 적이 한 번도 없습니다. 사역지를 옮겨도 포기하지 않았습니다. 저로서는 자연스러운 일이었습니다. 문제는, 무엇이 아니라 '어떻게'였습니다.

교회교육에서 교리문답을 선택하자, 자연스럽게 어떻게 교육해야 할지를 고민하게 되었습니다. 도움을 구하고자 이리저리 살폈습니다. 그런데 정말 신기하게도 오랜 전통인 교리문답 교육에 축적된 비결을 찾아보기가 힘들었습니다. 오히려 "왜 그런 것을 하려고 하느냐?"라는 핀잔을 들었습니다. 교리는 필요하지만, 부흥에 걸림돌이 될 수도 있다는 말도 들었습니다. 결국 저는 모든 것을 하나씩 도전해야 했습니다.

교리 설교와 공과를 통합하다

교역자에게 주일학교 교사는 동역자입니다. 가장 가까이에서 함께 교회교육을 책임집니다. 그러나 때로는 교사가 교역자를 가장 힘들게 하기도 합니다. 새로운 교회에 부임하여 교리교육에 대한 비전을 제시하면, 교사들은 보통 우려와 불평을 쏟아 냅니다. 교리가 너무 어렵다고 말합니다. 성경도 잘 모르는 아이들에게 어떻게 교리를 가르칠 수 있겠느냐며 의아해합니다. 성경이 더 중요하다고 말하면서 성경과 교리를 분리합니다. 무엇보다도 가장 힘주어 반대하는 이유는, 아이들이 교리를 재미없어한다는 것입니다. 이런 반대의 목소리를 가만히 듣고 있자면, 진짜 아이들의 불평인지, 아이들을 핑계로 교사 자신이 하는 불평인지 분간이 안 됩니다. 사실은 교사가 싫은 것입니다. 아직 자신도 잘 모르는 것을 아이들에게 가르치기가 부끄럽다는 사람도 있었습니다. 또는 '예전에 다 배워 봤는데 별로 도움이 안 되더라'는 회의적인 경험담을 전하는 사람도 있었습니다.

교사들부터 설득해야 했습니다. 교사의 동의와 협조 없이는 아무것도 할 수 없었습니다. 어떻게 이 문제를 풀어낼까? 저는 우선 설교와 공과를 통합했습니다. 설교와 공과를 통합하면, 교사가 공과에 대한 부담을 덜 느낍니다. 따로 공과를 준비하지 않아도 되기 때문입니다. 교사들이 일방적으로 가르치는 방식을 벗어나 교리문답이 가진 원래의 가치인 반복과 암송을 확인하는 것부터 시작할 수 있습니다. 소요리문답의 경우, 아래와 같이 3개년 계획을 수립했습니다.

[웨스트민스터 소요리문답 3년 차 커리큘럼]

1년 차	2년 차	3년 차
근본 진리	어떻게 살 것인가?	구원의 방편(말씀, 성례, 기도)에 대한 실천적 주제
1-38문	39-81문	82-107문

여기에 한 가지가 더 있습니다. 전통적인 반 개념을 부수는 것입니다. 학년과 상관없이 반을 구성하였습니다. 다양한 연령의 학생들이 한 반을 이루어 그날 들은 설교를 바탕으로 토론식 수업을 진행하였습니다. 이때 토론과 활동은 반장이 이끕니다. 이런 공과 시간은 교사에게나 학생에게나 많은 유익을 줍니다. 학생들의 참여가 늘면서 능동적인 수업이 되고, 교사가 아이들의 생각과 마음과 삶에 접근할 기회를 얻을 수 있습니다.

교리교육의 성패는 어디에 있을까

교재는 교리교육 성패의 열쇠입니다. 교재가 교사들의 수고와 근심을 덜어 줍니다. 어떤 교재를 사용하느냐에 따라 아이들이 교리교육에 보이는 열심도 달라집니다. 그런 측면에서 요즘 세대를 위한 좋은 교리 학습서가 새롭게 나오고 있는 현상은 고무적입니다.

다만 아무리 새롭고 참신한 교재라 하더라도, 교사가 그것을 얼마나 잘 활용하느냐가 더 중요한 문제입니다. 저는 교재와 함께 교리문답의 지도(map)를 최대한 활용하고 있습니다. 아이들로 하여금 배운 내용을 마인드맵으로 그려 보게 하는 것은 정말로 효과적입니다. 각자 설교를 듣고서 받은 도전과 깨달은 개념을 정리하고, 공과 시간에 선생님과 반

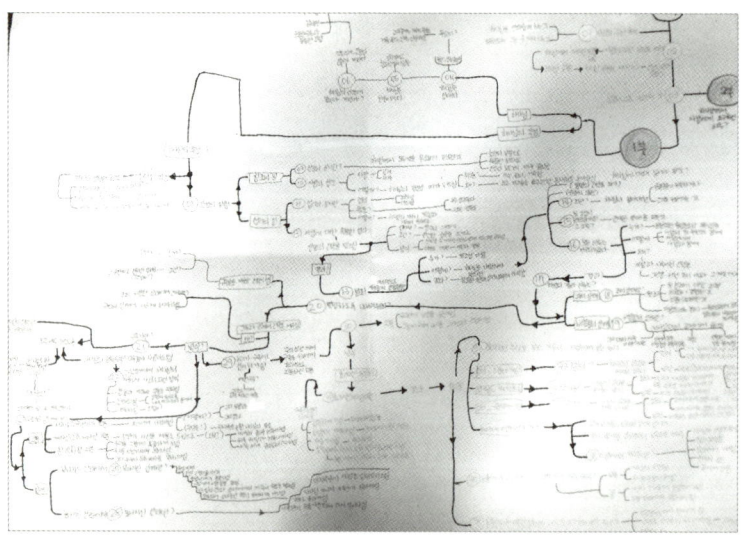

복하여 암송했던 것을 다양한 색깔을 사용하여 창의적으로 표현함으로써 자신의 것으로 만들어 가는 작업입니다.

교리를 교육하는 일은 가장 오래된 것을 다루면서도 가장 새로운 일을 하는 즐거움을 줍니다. 우리는 놀랍게도 교리문답을 교육하는 것이 '차별화'가 되는 시대에 살고 있습니다. 그만큼 지금의 교회들은 교리문답에 무지합니다. 시도하려 하지만 방법을 몰라 우왕좌왕합니다. 그렇지만 이것이 길이라고 확신하고서 연구하고 노력하면 길이 보이는 것 같습니다. 이것을 가정 교육과 연계하면 상상 밖의 효과를 기대할 수 있습니다. 가정에서 배우고 실천하는 것을 교회가 점검하고 나눈다면, 교회와 가정 모두가 건강해질 것입니다.

많은 사람들이 잃어버린 보물인 교리문답 교육을 회복하고자 애쓰며 노력합니다. 여기에 희망을 더하고자 저의 짧은 경험을 나누었습니다. 부디 각 교회에 잘 적용하여 하나님이 기뻐하시는 교회 학교가 되기를 기도합니다.

디딤돌
1. 교리문답 설교에 대한 제안

'교리문답 설교는 이런 것이다' 하는 정답은 없는 것 같습니다. 여러분만의 답을 찾는 데 조금이나마 도움이 되기를 바라며 제 경험을 나누고자 합니다.

① 질문 형식

청소년기의 특징인 논리적·추론적 사고를 극대화시켜 주어야 합니다. 강의식으로 설교하라는 뜻이 아닙니다. 생각할 수 있는 여지를 가능한 한 많이 주고, 공과 시간에 활용하도록 해 주라는 것입니다. 설교자는 아이들의 수동적 태도가 능동적으로 바뀌도록 노력해야 합니다. 사소한 문제라도 질문을 통해 생각하고 반응하도록 이끌어야 합니다. 이때 어떤 대답이라도 수용하는 태도가 중요합니다. 아이들과 눈을 맞추어 설교해야 합니다.

② 연쇄반응 유도

주제 설교는 매주 다양한 소재를 다룰 수 있다는 장점이 있지만, 지난주와의 연관성을 찾기가 어렵습니다. 그러나 교리문답은 문맥의 흐름이 연결됩니다. 즉, 꼬리에 꼬리를 무는 질문을 거듭한다는 특징이 있습니다. 이것을 설교에 적용합니다.

③ 용어 해설

아무리 설교를 많이 들은 사람이라 하더라도 기독교 신앙을 설명하는 주요 용어를 낯설어하는 경우가 많습니다. 교리문답 설교는 주요 개념을 충분히 설명할 수 있게 합니다. 아이들이 흔히 질문하는 용어에 대한 설명과 해설이 교리문답의 문맥에 이미 자연스럽게 녹아 있습니다.

④ 계속 생각하도록 돕기

사실 아이들은 생각하기를 싫어합니다. 그래도 훈련해야 합니다. 기독교 신앙에 대한 근본적인 질문을 던져야 합니다. 그리고 배운 내용에 따라 어떻게 살 것인지에 대해서도 고민하게 해야 합니다.

⑤ 성경의 유기적 통일성 보여 주기

적용할 때 여러 본문의 유기적 연관성을 보여 줍니다. 특히 신구약의 통일성을 보여 주도록 노력합니다.

⑥ 설교 후 활동과 발표로 마무리하기

설교만으로 끝나는 것이 아니라, 활동과 발표로 마무리하는 구조가 핵심입니다. 보통 딱딱하다는 이유로 교리 설교를 싫어하는데, 일정 부분 교육이 끝나면 활동과 발표를 통해 능동적으로 참여할 수 있게끔 유도해야 합니다.

1년 차에는 마인드맵을 활용하여 조별 토론 발표를 시행하고, 2년 차에는 도덕법과 십계명에 관한 실천적 설교로서 활동과 발표를 진행하는 것이 좋았습니다.

예를 들어, 2년 차에 십계명으로 수업하는 방법을 소개하겠습니다. 한 달에 한 계명씩 공부하면 10개월 동안 진행할 수 있습니다. 나머지 두 달은 다양한 프로그램을 실시합니다.

5월에 5계명을 다룬다고 해 봅시다. 앞에서 말한 설교 준비 원칙에 따라 설교를 세 편 준비합니다. 교리문답에서 가르치는 바와 같이, 권위에 대한 개념에서부터 시작하여 권위의 가장 기초가 되는 가정에서의 부모 공경(레 19:3,32 참고), 윗사람과 아랫사람의 관계(엡 5:21 참고), 서로를 향한 사랑(롬 12:10 참고) 등의 세 가지 주제를 준비합니다. 이를 바탕으로 공과 시간에 '적극적 행동'과 '소극적 행동'으로 나누어 '해야 할 행동'과 '하지 말아야 할 행동'이 무엇인지를 토론하고 점검합니다. 그리고 마지막 넷째 주에는 지금까지 정리한 설교와 조별 나눔, 발표와 적용을 중심으로 '국가를 위한 기도문'을 작성하는 시간을 가짐으로써, 5계명의 폭넓은 의미를 정리하고 마무리할 수 있습니다.

[2년 차 십계명 교육 단계 : 소요리문답 5계명]

5월	1주	2주	3주	4주
소주제	권위에 대한 개념, 부모 공경	윗사람과 아랫사람의 관계	서로를 향한 사랑	나라를 위한 기도문을 작성하는 동시에 5계명의 의미 정리 및 마무리
매주 진행	설교를 통한 교리 설명 + 반별 나눔과 발표			

이상과 같은 교리문답 교육을 통해 가장 큰 유익을 얻는 사람은 바로 설교자 자신입니다. 한 주 한 주 땜질하듯 설교를 준비해 나가는 것이 아니라, 교리문답의 전체 구조와 문맥, 용어의 의미, 해당 구절을 정확히 이해하기 위해 체계적으로 준비해야 하기 때문입니다. 숲을 보고, 나무를 살피고, 가지와 잎사귀를 해체하고 조합하는 과정을 수없이 반복해야 합니다. 그리고 그 과정에서 설교자 자신이 먼저 건강해집니다. 그렇게 건강해진 설교자의 입과 삶이 자연스럽게 그 공동체에 선한 영향을 끼치리라 믿습니다.

디딤돌
2. 무학년제 모임은 어떻게?

보통 교회에서는 학년별(연령별)로 반을 운영합니다. 즉, 같은 학년끼리 반을 구성합니다. 그것을 고전적인 분반 형태라 할 수 있습니다. 그러나 지난 십수 년간 중고등부를 맡아 운영해 본 결과, 무학년 분반제(또는 복합연령 분반제)가 좋습니다. 나이 구분 없이 다양한 학년을 하나의 반으로 묶어 교육하는 것입니다. 저는 이것을 '송이별 모임'이라고 부릅니다.

이렇게 하면 무엇이 좋을까요? 우선 공동체의 신앙이 성숙해집니다. 아이들의 참여나 자세도 달라집니다. 선배는 떠드는 후배를 다잡을 줄 알게 되고, 후배는 선배들의 모습을 보면서 배우고 성숙해 갑니다. 뿐만 아니라 배운 내용을 각자가 깨닫는 범위에서 이야기할 수 있는 여지가 넓어집니다. 또한 기존의 분반 형태가 가진 가장 큰 문제였던, 교사 대 학생이라는 이분법적인 반 운영에서 탈피하여, 서로 세워 주고 도와주는 인격 공동체가 형성될 수 있습니다.

더불어 아이들의 리더십을 훈련하는 데도 효과적입니다. 특히 요즘처럼 핵가족 시대에 사는 아이들에게 다양한 인간관계를 훈련하게 하는 유익이 있습니다. 저출산 문제로 가정마다 형제가 별로 없다 보니, 인간관계에서 문제가 발생했을 때 해결하는 방법을 어려서부터 체득하기가 어렵습니다. 어려서부터 형제간에 부대끼며 살면서 배려와 섬김, 양보를 배워야 하는데, 그러한 학습이 어렵다 보니 어른이 되어 사회문제로 확대되는 것입니다. 그러하기에 이제 이것은 교회가 담당해야 할 사명이 되었습니다. 교회는 그 장을 제공하는 특별한 공동체입니다. 우리의 사회는 잘나고 공부를 잘하는 아이들만을 인정합니다. 그런데 교회도 점점 비슷해지고 있습니다. 그에 비해 송이별 모임은 아이들의 잠재력을 키울 수 있습니다. 공부, 능력과 관계 없이 모두가 예수 그리스도의 제자가 되어 또 다른 사람을 제자로 삼아야 할 사명을 띤다는 것을 깨달을 수 있습니다. 더 나아가 아이들이 성장하여 교회의 집사와 장로가 될 때, 그 직분을 감당하는 데에도 좋은 훈련이 될 것입니다.

"많은 교회들이 제자 훈련을 실시하는데, 큰 문제점이 있습니다. 예수님이 명령하신 대로 하지 않는다는 것입니다. 예수님은 제자들에게 제자를 삼으라는 지상명령을 주시면서 방법도 주셨는데, 그 방법에 대해서는 관심이 별로 없습니다. 예수님의 방법대로 하지 않으니 그 교회의 목사의 제자가 되든지 아니면 해당 프로그램의 제자가 됩니다.

예수님의 제자는 예수님의 방법대로 훈련되어야 합니다. 그 훈련의 가장 처음은 성부와 성자와 성령의 이름으로 세례를 주는 것입니다. 세례를 주기 위해 교회는 역사적으로 교리문답을 발전시켜 왔습니다. 정말로 교회가 주님의 제자를 삼기를 원한다면, 교리문답에 관심을 가져야 합니다."
_이성호 목사(『특강 하이델베르크 요리문답』 저자)

04

청년·장년부,
해외 이야기

원도연 | 교리, 내 삶의 기준을 바꾸어 놓다
조성용 | '뭐 좀 특별하고 재미있는 프로그램 없나?'
서자선 | 장년부 여성들의 교리 공부 도전기
전병모 | 초교파 구성원들과 교리 공부를 시작하다
변현석 | 선교지 중국, 교리교육이 필요합니다

내가 만난 교리 이야기

어느 청년 리더의 소요리문답 공부 후기

*이글은 김진곤 강도사님의 인도로 소요리문답 공부를 마친 청년의 후기입니다. 삼포 세대(요즘 20-30대를 지칭하는 신조어로서. 경기가 어려워 연애, 결혼, 출산을 포기할 정도로 힘든 세대라는 뜻임)로서 임용 고시를 준비하며 바쁘게 지내던 중 교리를 만났습니다. 이 청년은 무엇을 얻었을까요?

    3개월 가량 교리를 공부하면서 참으로 많은 것을 배웠습니다. 또한 나의 삶과 신앙에 많은 변화가 생겼습니다. 임용 고시를 준비하는 중이었기에 예습하거나 공부하러 가는 시간이 부담스럽기도 했지만, 긴장을 풀고 하나님을 배울 수 있어서 참 감사했습니다. 일주일 중 가장 기대되는 시간이었습니다. 여러 단체에서 5년 동안 훈련도 받았고 신앙생활도 나름대로 잘한다고 생각했는데, 막상 교리가 던지는 많은 질문에 아무 생각이 없는 내 모습을 보면서 많이 반성하였습니다. 그리고 그동안 많은 순모임을 인도하면서 순원들에게 잘못된 신앙과 지식을 전달했다는 것을 깨달았습니다. 또한 졸업 후 한 해 동안 고시 공부를 하면서 나의 바닥을 보아서인지 교리에서 죄에 대해 다룰 때마다 눈물이 나기도 했고,

그런데도 섭리 안에 보존하시는 하나님의 은혜가 감격스럽고 감사했습니다.

교리에는 인생의 목적, 삼위일체의 정확한 개념과 이해, 죄와 원죄의 정의, 작정과 섭리, 창조, 중보자 예수 그리스도 등 수많은 내용들이 있지만, 특히 인생의 목적과 삼위일체, 죄에 대해 많은 것을 깨달았습니다.

우선, 첫 번째 질문인 '인생의 목적'에 대한 답변에서 나의 삶의 목적과 신앙의 방향에 대해 "하나님을 영화롭게 하고 영원토록 그분을 즐거워하는 것"이라는 명쾌한 해답을 얻을 수 있었습니다. 공부를 시작하며 합격만을 위해 달리고 경쟁하고 시간과 씨름하고 괴로워하며 메마른 하루하루를 보내던 내게 "이것이다!" 하고 답을 준 것 같았습니다.

내가 이루고픈 목적을 향해 숨 가쁘게 달려가는 삶이 아니라, 오늘 하루 삶의 모든 순간에 하나님께 영광을 돌리고 그분을 즐거워하는 것! '즐거워한다'는 말이 마음속에 맴돌았습니다. 하고 싶은 일을 하거나 연인을 만났을 때, 재미있는 텔레비전 프로그램을 볼 때, 맛있는 음식을 먹을 때만 즐거워하는 것인 줄 알았는데, 하나님도 즐거워할 수 있다니……. 하나님 안에서 만족하면서 그분을 즐거워하는 것이 인생의 목적이라면, 나도 하루를 보내면서 공부를 통해 주님께 영광 돌리고 그분을 즐거워할 수 있어야 하기에, 매 순간 주님을 바라보려고 노력했던 것 같습니다. 계획표나 스톱워치, 내 마음, 주변 환경에서 눈을 돌려 주님을 바라보자 복잡했던 많은 문제들이 단번에 정리되는 듯했습니다.

둘째로, 삼위일체에 대한 잘못된 지식을 바로잡을 수 있었습니다. 사람들이 흔히 그러하듯, 나 역시 삼위일체에 대해 '물, 수증기, 얼음'과 비슷한 개념 정도로 이해하고 있었습니다. 순모임을 인도할 때도, 하나님이 육신을 입고 오신 분이 예수님이며, 예수님이 떠나고 영이 되어 돌아오신 분이 성령이라는 식으로 근거 없는 지식을 전하곤 했습니다. 그런데 교리를 공부하면서, 태초부터 하나님이 세 위격으로 함께 계셨고 함께 일하셨으며 지금도 함께 일하신다는, 그러면서도 세 분이 하나라는 참으로 오묘하고도 지극히 감동적인 메시지를 접했습니다. (중략)

마지막으로, 교리를 공부하면서 소요리문답을 배우는 것도 좋았지만, 가끔 강도사님께서 주시는 책들을 읽는 시간이 참 좋았습니다. 특히 존 오웬(John Owen, 1616-1683)의 『죄죽임』(On Mortification of Sin, 부흥과개혁사 역간)이라는 책을 읽으면서, 나는 내가 고민하던 죄 문제에 대해 답을 얻고, 동시에 깨어 있으려 노력할 수 있었습니다. 책의 초반에 로마서 8장 말씀을 토대로 죄와 육신에 대해 설명하는데, "너희가 육신대로 살면 반드시 죽을 것이로되, 영으로써 몸의 행실을 죽이면 살리니"(롬 8:13)라는 말씀이 그렇게 강력히 다가온 적이 없었습니다. 죄를 지으면 처음 몇 번은 가슴을 찢으며 나 자신을 원망하고 죄에 대해 아파하고 하나님 앞에 고개를 못 들 만큼 죄송해하지만, 죄가 반복되면 회개가 무색해지고 성령이 아무 힘도 없는 것 같고, 나중에는 그것이 죄가 아니라고 생각하기에 이릅니다. 그것을 경험한 나는 "반드시 죽을 것이다"라는 말씀 앞에서 다시금 죄의 심각성을 인식하고 돌아볼 수 있었으며, 다시 한 번 죄와 싸우겠다고 결단할 수 있었습니다.

또한 "육체의 소욕이 성령을 거스르기 때문에 우리가 원하는 것을 하지 못한다"는 갈라디아서 5장 17절 말씀대로, 하나님이 원하시고 내가 의도했던 선한 목적이 있더라도, 죄에 눈이 멀어 미혹되면 올바로 분별할 수 있는 힘을 잃고 결국 죄의 노예가 되고 만다는 것을 다시금 깨달았습니다. 책에서도 말하듯이, 죄는 나의 마음을 혼란스럽게 하고, 깨끗한 마음으로 하나님과 교제하지 못하게 합니다. 그래서 하루 단위로, 아니, 몇 분 단위로 죄를 의식하고 죄와 싸워야 하며 죄 죽이기에 힘써야 합니다. 원죄를 가진 우리가 죄를 완전히 죽일 수는 없지만, '경향적으로' 죄의 세력을 약화시키도록 끊임없이 노력해야 합니다. 그런데 그 노력조차 내 힘이 아니라 성령님이 주시는 힘, 즉 '육체와 반대되는 은혜와 열매들을 마음속에 넘치게 함으로써 죄를 죽이시는' 성령님의 사랑을 의지해야 하는 것임을 알 수 있었습니다. 그 성령님의 도우심이 참으로 감사하고 힘이 되었습니다.

또한 아무리 죄 가운데 괴로워하고 못난 모습이어도 하나님의 섭리 안에 보존하시는 은혜를 받고 있으며, 어떤 경우에도 결코 우리를 버리지 않으시는 강력하고도 끈질긴 사랑에 묶여 있음에 감사했습니다. 그리고 죄에 집중해 그것을 없애려고 하기보다는 하나님이 기뻐하시는 것들에 초점을 맞춰 살다 보면, 자연스럽게 죄가 끊어지고 은혜 안에서 살 수 있다는 것을 깨달았습니다.

교리를 배우는 동안, 때로는 지식을 배우는 것 같아 마음이 차가워지고, 삶과 관련이 없는 것 같아 무감각할 때도 있었지만, 내가 예습을 제대로 하지 못해서 집중하지 못했던 까닭인 것 같아 후회가 되기도 합니다. 그렇지만 참으로 교리가 삶이며, 율법으로 지키는 것이 아니라 하나님을 사랑해서 순종하는 것임을 배웠습니다.

   시간을 내 우리를 가르치는 데 온 힘을 쏟으시고, 난감한 질문에도 훌륭하게 설명해 주신 강도사님, 옆에서 사랑스럽게 바라보시면서 엄마처럼 맛있는 음식을 제공해 주신 사모님께 너무나 감사드립니다. 남은 교리 공부는 좀 더 성실하게 참여하리라 결심합니다. 그리하여 나도 훗날 교리 공부를 인도할 수 있는 사람이 되었으면 좋겠습니다. 저를 사랑하셔서 바른 지식과 깊은 믿음을 배우게 하신 주님께 정말 감사합니다!

중세 시대에,
일반 교인들은 너무나 무식해서
어차피 성경과 교리를
이해하지 못할 것이 분명하므로
그냥 초보적인 수준에서
그림이나 형상을 보여 줄 수밖에 없다고
주장하는 사제들에게,
종교개혁자들은 이와 같이 답변했습니다.

"그러하기에 우리는 그들을 가르쳐야만 합니다."

필자는 청년부 간사로 활동하던 중 겪은 한 사건을 계기로 교리의 중요성을 절감하게 되었습니다. 이 사례를 통해 청년 때에 신앙의 체계를 정립하는 일이 왜 중요한지를 확인해 보십시오. '좋은 장로가 되고 싶은 꿈'을 가진 필자는 진리 안에서 교회를 세우고 섬기기 위해서도 교리가 무척 중요하다고 믿습니다. 수많은 청년들과 함께 공부해 온 그만의 모임 운영 방법도 살펴보세요.

팀원들이 물어 오는 기본적인 신학적 질문에 뭐라고
대답해야 할지 몰라서 제대로 대답해 주지 못한 적이
한두 번이 아니었습니다.
대부분 "하나님의 뜻이겠지"라는 말을 반복할 뿐이었습니다.
……그리스도인으로서 어떤 마음으로 살아야 하는지에 대해서도
주관적인 경험과 판단을 근거로 가르칠 뿐이었으며,
그저 원만한 교제에만 몰두해 왔다는 것을 깨달았습니다.
……저는 그날 바로 기독교 서점으로 뛰어갔습니다.

01
교리, 내 삶의 기준을 바꾸어 놓다

원도연
|

제가 섬기는 교회는 규모가 크다 보니 간사제로 운영되고 있습니다. 간사들은 30-40명의 다양한 연령층의 대학생과 청년들을 맡아 돌보고, 교회 안의 여러 사역으로 이끄는 역할을 합니다. 저는 저희 팀을 담당하시던 목사님의 권유로 2009년부터 간사를 시작하였습니다. 그런데 나름 열심히 팀원들을 섬긴 지 1년째 될 즈음, 비로소 교리에 눈을 뜨게 되는 중요한 일을 겪게 됩니다.

저를 돕던 한 청년이 있었는데, 그는 새벽 예배, 철야 예배를 비롯한 모든 예배와 교회의 전반적인 봉사에 열심이었습니다. 그러던 그가 인터넷으로 잘못된 종말론을 접하고는 교회와 팀 모임에 나오지 않게 되었습니다. 개인적으로, 그리고 교회 차원으로도 설득해 보았지만, 잘못된 길로 간 그 청년을 다시 돌아오게 할 수 없었습니다. 저는 마치 저에게 주어진 양 한 마리를 잃은 듯 무거운 책임감과 죄책감마저 느꼈습니다. 대체 무엇이 잘못되었는지, 내가 간사로서 어떤 것을 놓치고 있었는지, 며칠 동안 기도하고 고민하면서 그동안 제가 팀을 이끌어 온 방식에 대해 돌아보았습니다.

그러자 많은 것이 다시 보였습니다. 팀원들이 물어 오는 기본적인 신학적 질문에 뭐라고 대답해야 할지 몰라서 제대로 대답해 주지 못한 적이 한두 번이 아니었습니다. 대부분 "하나님의 뜻이겠지"라는 말을 반복할 뿐이었습니다. 팀을 이끄는 제 자신이 이처럼 신앙의 지식을 전혀 가지고 있지 못했기 때문에, 지체들에게 신앙생활의 바탕이 되는 기본 교리를 가르쳐 주지 못했습니다. 그리스도인으로서 어떤 마음으로 살아야 하는지에 대해서도 주관적인 경험과 판단을 근거로 가르칠 뿐이었으며, 그저 원만한 교제에만 몰두해 왔다는 것을 깨달았습니다. 그토록 성실하던 그 청년도 사실은 신앙의 기초가 되는 지식이 부족하여 믿음이 흔들린 것이라고 판단되었습니다.

저는 그날 바로 기독교 서점으로 뛰어갔습니다. 그리고는 어렴풋이 알고 있던 웨스트민스터 신앙고백, 소요리문답 등 개신교 신앙의 근간이 되는 교리 서적을 찾았습니다. 여러 서적들을 살펴보면서 십수 년간 착실히 신앙생활을 해 왔다고 자부하면서 막연히 알고 느꼈던 바를 객관적으로 알게 되었습니다. 그리고 성경에 내가 몰랐던 지식들이 방대하다는 것을 깨달았으며, 이 지식들을 나만 아는 것이 아니라 내가 맡은 팀원들에게도 전해야겠다는 생각이 들었습니다. 그때부터 저는 모임 시간에 교리서를 들고 가 서툴게나마 본문을 읽으면서 팀원들과 공부하기 시작했습니다. 처음에는 어색하고 딱딱했습니다. 어떻게 하면 효과적으로 전달할지를 고민하고, 어떻게 하면 공부하는 내용이 배우는 이의 삶에 녹아들지를 연구하며, 시행착오를 거듭했습니다.

먼저, 다음과 같이 배우는 이의 흥미를 끄는 질문이 중요하다는 것을 알게 되었습니다.

"교리교육이 왜 필요한가? 당신이 교리를 알게 되면 무엇이 유익한가? 이단도 예수님을 믿는데, 그들이 믿는 예수님과 우리가 믿는 예수님은 어떻게 다른가? 사도신경의 뜻을 알고서 외우고 고백하는가? 예배는 무엇이고, 어떻게 드려야 하는가? 하나님께서 원하시는 기도는 무엇이고, '아멘'이라고 외칠 때 무슨 생각을 가지고 외쳐야 하는가? '하나님의 뜻'이라는 것이 과연 무엇인가? 예수를 믿는 것이 왜 우리 삶에 위로가 될 수밖에 없는가?"

이렇게 그리스도인이라면 막연하게 알고는 있겠지만 확실한 의미를 몰라서 대답하기 어려운 문제들을 먼저 제시하는 것이 중요하다는 것을 알게 되었습니다.

아울러, 가르치기 전에 스스로를 향한 마음가짐도 중요하다는 것을 깨달았습니다. 교리를 많이 아는 그리스도인들 중 많은 이들이 자신이 아는 지식으로 믿음이 약한 사람을 정죄하고 판단하는 모습을 보아 왔습니다. 그래서 이 지식으로 남을 판단하고 있지는 않은지 먼저 점검하는 시간을 가졌습니다. 더불어 팀원들에게도 '아는 것으로 교만해지지 말 것'을 계속 강조했습니다. 시간이 흘러 개인적인 사정으로 간사직을 내려놓았지만, 함께 섬기던 친구들 몇 명과 교리 모임을 지속했습니다. 모임은 즐거웠고, 함께하는 이도 늘어났으며, 교리를 배운 사람들이 변화하는 모습도 볼 수 있었습니다. 간사들은 이 모임에서 배우고 익힌 내용을 바탕으로 자신의 팀에서 공부하기 시작했고, 그런 모습을 보니 너무나 감사했습니다. 저는 SNS를 통해 교리 공부에 대해 홍보하는 한편, 제가 가르치기 편한 교재와 환경을 만들 필요성도 느끼기 시작했습니다.

무엇보다 '교리'가 딱딱하다는 고정관념과 삶과 교리를 분리하여 생각하는 사람들의 인식부터 고쳐야 했습니다.

"교리는 신앙과 동떨어진 지식에 머무는 것이 아니라 그리스도인의 삶과 밀접하게 관련되어 있습니다. 그러므로 그것을 배우는 것은 상당히 중요합니다. 엄밀히 말하면 사도신경, 주기도문도 교리입니다. 우리가 속한 교단의 교리 정도는 알아야 하지 않겠습니까? 교리란 하나님께서 성경을 통해 드러내 주신 말씀의 기초를 신앙의 선배들이 몇백 년에 걸쳐 체계적으로 정리해 놓은 것입니다. 그러하기에 다른 어떤 신앙 서적보다도 객관적이고 안전합니다. 적어도 이러한 교리의 기초라도 알고 있으면, 이것이 좋다 하면 이리 쏠리고, 저것이 좋다 하면 저리 쏠려 다니는 신앙생활은 면할 수 있지 않겠습니까?"

저는 교리의 중요성을 열심히 역설했습니다. 교리를 배우고자 하는 소모임이 하나 둘 생기기 시작하고, 자발적으로 교리를 배우고 싶어하는 사람들도 참여하기 시작했습니다. 어느덧 제 시간을 따로 조정해야 할 정도로 교리 공부 모임에 박차를 가하게 되었습니다. 때마침 당시 한국 교회 전반에 교리교육의 열풍이 불기 시작하여 일반인도 알아보기 쉬운 교리 해설서가 나오게 되었고, 제가 다니던 교회의 목사님들도 하나 둘 그 해설서를 바탕으로 간사들을 가르치기 시작했습니다. 교리교육을 처음 시작했던 몇 년 전, 교리라는 것 자체를 모르는 팀원도 있었고, 교리를 가르친다고 경계의 눈총을 받은 적도 한두 번이 아니었습니다. 이렇게 마치 음지에서 소수만 알고 있는 것인 듯했던 '교리'가 이제 세상으로 조금씩 나오고 있는 것이 느껴져 하나님께 매우 감사합니다. 사실 그동안 교리가 감추어져 왔던 것 자체가 이상한 일이었습니다.

교리교육의 첫 걸음마를 떼었을 무렵, 제 부족함이나 사람들의 눈총 등을 의식할수록 저 자신이 한없이 작아지고, 포기하고 싶어지곤 했습니다. 그렇지만 교리가 그 어떤 신앙 서적보다도 객관적이고 신뢰할 만하다고 확신했기에 포기하지 않을 수 있었습니다. 점점 나름의 기술도 생기고, 사람들의 인식도 한결 좋아졌습니다. 교리를 배우는 사람들에게서 "몰랐던 것을 알았다", "그래서 성경에서 이렇게 말씀하셨구나"라는 말을 듣거나 자신이 배운 것을 지인들에게 그대로 가르쳐 주는 모습을 볼 때, 그리고 교리를 자신의 삶에 접목시키려고 노력하는 모습을 볼 때, 저는 가장 큰 보람과 감사를 느낍니다.

지금은 '어떻게 하면 좀 더 쉽게 교리를 가르치고 배울 수 있을까' 고민하면서 관련 교재를 만드는 중입니다. 각 교리문답을 쉽게 풀어 하루 분량의 강의안으로 만들고, 친분 있는 교역자와 함께 내용을 다듬으며, 결과물들을 관심 있는 사람들에게 나누어 주는 작업도 하고 있습니다. 또한 웹페이지를 만들어 그 내용을 주간지 형식으로 읽기 쉽게 나누어 올리고 있습니다.

팀원 한 명을 잃어버린 사건에서 비롯된 교리교육은 저의 꿈도 바꾸어 놓았습니다. 지금 저는 훌륭한 장로가 되기를 꿈꿉니다. 초대 교회 장로들처럼 지혜롭게 분별하며, 그 분별력과 지식으로 성도들의 어려움을 끌어안고 돌보고 싶습니다. 가정에서도 믿음의 모범이 되는 어른이 되어 자손들에게 교리를 가르쳐 제대로 된 말씀을 전하고, 자손들이 그것들을 삶에 적용하며, 그리하여 그들이 하나님께 사용되기를 바랍니다.

디딤돌
1. 교리 학습 관리 도구를 만들고, 교사들과 공유하세요.

실제 현장에서 움직이는 교역자들의 도움을 얻어 제작한 학습 지도안과 커리큘럼 예시를 제공하고자 합니다. 공부할 주제에 대한 주차별 수업 일정과 수료 현황 등을 만들어 교사들과 함께 진도를 확인하세요. 그렇게 하면 교사회의도 효율적으로 이루어질 수 있습니다.

[교리 수업 스케줄표와 학습 지도안]

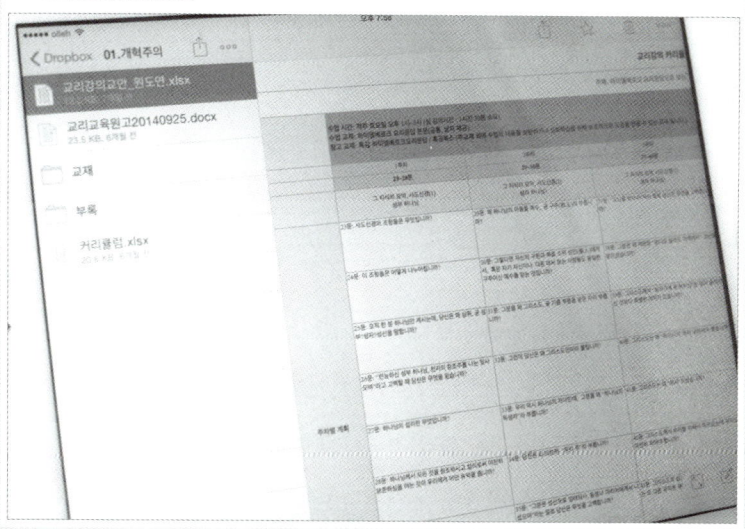

디딤돌

2. 교리교육을 효과적으로 이끌기 위한 네 가지 요소

그동안 교리교육을 진행하면서 중요하게 생각하여 되새기고 있는 점들을 소개하고자 합니다.

1) 배우는 사람의 인생을 살펴보자

교육을 시작하기 전에 충분히 대화를 나눔으로써 그가 살면서 무엇을 고민하는지, 신앙생활에서 어려운 점은 무엇인지, 하나님에 대해 오해하고 있는 점은 무엇인지, 그가 왜 교리를 배우는 자리에 나왔는지 등을 파악해야 합니다. 그렇게 하면 교육이 한층 수월해집니다. 교리에는 우리가 살아가면서 부딪히는 대부분의 문제에 대한 해결의 실마리가 담겨 있습니다. 그래서 그 사람의 상황을 미리 알면 알맞은 대답을 제시할 수 있으며, 배우는 사람 역시 교리가 자신의 삶과 밀접히 관련되어 있다는 것을 깨닫고 집중할 수 있습니다.

2) 자신만의 교재를 만들어 가르치자

기존의 틀을 자기 것으로 만들어 가르치기보다는 자신의 방식대로 재구성하는 것이 필요하다고 느꼈습니다. 천차만별인 교육 대상에 따라 분량을 안배하거나 진도를 적절히 조절하는 일이 중요하기 때문입니다. 강의를 진행하다가 배우는 사람에게 중요한 부분이라고 판단되면, 시간에 구애받지 않고 그 사람이 그 내용을 이해할 때까지 설명할 수 있어야 합니다. 그렇게 하려면 교재를 직접 만드는 것이 좋습니다.

3) 분위기에 주눅 들지 않는 태도를 가지자

교육할 때는 가르치는 사람도, 배우는 사람도 어색할 수 있습니다. 그렇지만 어색한 장벽은 금방 깨질 것입니다. "이 교리를 알지 못하면 우리 신앙은 기복신앙이 될 수밖에 없다!"는 절박하고도 안타까운 마음으로 사람들을 대하십시오.

4) 가르치는 내용에 대해 확신하자

당연한 말이지만, 교리에 대한 확신이 없이는 배우는 이에게 확신을 줄 수 없습니다. 그러므로 교리에 대한 확신을 가져야 합니다. '아는 것을 가르치는 것과 믿는 것을 가르치는 것은 근본적으로 다르다'는 생각으로 임하는 것이 중요합니다. 그렇게 할 때 비로소 그 교리교육에 생명이 생기고, 한 그리스도인의 삶에 신앙의 기준을 심어 줄 수 있습니다.

더 나누고픈 이야기

소외되는 사람이 없도록 돌보아 주세요

_이수환

제가 사역했던 청년부에서 있었던 일을 소개하려 합니다. 특히 기존 구성원들, 오랫동안 교회에 다닌 성도들 사이에서 벌어지기 쉬운 일입니다. 저는 당시 청년들을 대상으로 성경과 교리를 배우는 모임을 꾸려 가고 있었습니다. 그리고 그 즈음 2,3년 사이에 청년부는 새가족이 많이 들어오면서 급격하게 성장했습니다. 기존의 청년들뿐 아니라 새가족 중에서도 성경과 교리를 공부하고자 하는 사람들이 늘어 갔고, 적극적으로 모임에 참석하여 교리를 배워 나갔습니다.

그러나 거기에 끼지 못하는 사람들이 있기 마련입니다. 물론 교역자로서 모든 구성원들을 돌보아야 할 책임이 있지만, 물리적으로 한계가 있습니다. 그러다 보면 성경 공부에 참석하지 않는 사람을 상대적으로 잘 돌보지 못하는 일이 벌어지고 맙니다. 성경 공부에 참석하는 사람은 계속 만난 까닭에 친해지는데, 그렇지 않은 사람과의 관계는 점점 소원해지는 것입니다. 실제로 저도 그런 어려움을 겪었습니다. 지금 생각해도 그것은 너무나 가슴 아픈 기억입니다. 그래서 소외된 이들을 돌아보는 일에 더욱 마음 쓰며, 그 일을 위해 고민할 수밖에 없습니다.

변화에 적응하지 못해서이든, 기존의 신앙 양태를 버리지 못해서이든,

또는 너무 바빠서이든, 아니면 순전히 무관심하고 게을러서이든, 이러한 배움의 자리에 나오지 못하는 사람들이 언제나 있습니다. 그러한 사람들이 소외감을 느끼지 않도록 돌보고 격려해 주십시오. 그것은 너무나 중요한 일입니다.

* 이 글은 교리교육을 오랫동안 해 온 이수환 목사님의 당부입니다. 이 목사님은 서울 화평교회 대학청년부에서 5년간 사역하고, 지금은 열매맺는교회를 개척하여 담임하고 있습니다.

필자는 교리교육을 시도하면서 이단 문제로 고통당하던 성도들의 회복을 경험했습니다. 자칫 큰 상처로 남을 법한 일이었으나, 교리 덕분에 성도들의 마음이 적잖은 위로를 받은 것입니다. 이 글에는 필자가 교리를 막 가르치기 시작했던 초창기의 생생한 경험이 담겨 있습니다. 교리를 만난 후 사역의 틀이 180도 바뀌었다는 필자는 현재 강릉 언별리교회에서 목회하고 있습니다.
|

아리송한 질문과 긴 침묵과
서로 눈치 보며 대답을 미루는 시간을 통해,
자의 반 타의 반 호기심 반으로 모인 성도들에게
변화가 생겼습니다.
서로를 향해 입고 있던, 나이와 직분으로 무장된
'아는 체하는 옷'을 점점 벗어 버리게 되었습니다.
그리고 '너도, 나도 똑같구나. 아무것도 모르는구나' 하는
'무식의 옷'을 서로에게 입혀 주었습니다.

02
'뭐 좀 특별하고 재미있는 프로그램 없나?'

조성용

저는 교리문답과 같은 것을 전혀 중요하게 여기지 않는, 한국의 전형적인 교회에서 자란 성도요 목사였습니다. 그러던 어느 날, 이듬해 교육 부서의 커리큘럼을 구상하면서 '뭐 좀 특별하고 재미있는 프로그램 없나?' 고민하다가 우연히 고려신학대학원 목회대학원에서 '특강 소요리문답' 공개 강좌가 열린다는 소식을 접하게 되었습니다. 장로교 목사라는 사람이 교회 학교 운영에 대해 고민하면서 인터넷을 검색하다가 특이하다고 찾아낸 것이 '교리문답'이라니, 참 한심한 대목이기는 합니다.

한 주 동안 이루어지는 강좌에 참석한 저는 적잖이 충격을 받고서, 당장 교회에서 모임을 시작했습니다. 그러나 '실제로 어떻게 가르쳐야 하는가?' 하는 문제에 부딪치고 말았습니다. 그래서 주변 사람들에게 도움을 요청해 보았지만, 대부분 '소요리문답을 공부해서 되겠느냐? 요즘 누가 그런 것을 하느냐?' 하는 식으로 반응했습니다. 가뭄에 콩 나듯 들리는 경험담들도 고작 머리 좋은 사람을 위한 '문답 외우기 놀이'나 '괄호 넣기 놀이' 정도였습니다. '성공적인 경험담도 없고 방법론도 없는데, 열정만으로 할 수 있는 일은 아니지 않은가? 조금 더 기다리다 보면 좋은 방법들이 나오겠지. 그때까지만 참자' 하고 생각하기도 했습니다.

그러나 당시에는 맨땅에 헤딩하는 것이 겁나기보다, 맨땅에 헤딩하는 식으로 신앙생활을 하는 성도들을 보는 것이 더 안타까웠습니다. 경험이 없었기 때문에, 교리문답 모임 전날 늦은 밤까지 끙끙거리면서 어떻게 공부할지를 고민해야 했습니다. 결론부터 말하면, 좋은 방법론이 나올 때까지 참지 않은 것이 천만다행이었습니다. 성도들과 함께 교리문답을 공부하면서, 말씀에 기뻐하고 감격하며 울고 웃었던 시간들을 생각하니 지금도 가슴이 뜁니다.

공부 모임을 만들다

제가 부교역자로 사역하던 교회에서 평신도 훈련 프로그램 중 하나로 교리문답 공부를 개강했습니다. 화요일 오전과 오후, 두 개의 장년반을 모집했는데, 처음에 성도들은 교리라는 말에서 오는 부담감 때문인지 접근하기를 꺼렸습니다. 그러다가 신청자가 너무 적은 상황을 안타깝게 여긴 여전도사님의 도움으로, 유치부 교사가 대거 들어와 겨우 폐강을 면했습니다. 오전반은 거의 30대 후반에서 40대 후반까지의 여성들이었는데, 대

부분 전업 주부이자 주일학교 교사들이었습니다. 그분들의 참여도와 집중도는 오후반에 비해 높은 편이었습니다. 오후반은 50-60대 혼성반이었는데, 퇴근 후에 모이다 보니 어쩔 수 없는 피곤함에 힘들어하실 때가 많았습니다.

벌거벗어 숨길 것이 없어야 한다

첫 모임은 종교개혁에 이르기까지의 교회사를 간단히 살피는 것으로 시작하였습니다. 교회의 역사를 공부함으로써 우리가 어떤 신앙고백 위에 세워져 있는지를 알고, 웨스트민스터 소요리문답을 왜 공부해야 하는지에 대한 동기를 부여하고자 했습니다. 또한 지금 우리가 바른 신앙고백으로부터 얼마나 벗어나 있는지를 뚜렷이 보여 주려는 의도도 있었습니다.

사람들의 흥미를 끌기 위해 상식적으로 알고 있는 역사와 관련 지도, 또는 그와 관련된 미국 드라마를 활용하기도 했습니다.

물론 강의는 대부분 질문으로 이루어져야 했습니다. 학습의 성공을 위해서도 그러했지만, 먼저 교리문답 모임에 온 성도들의 상태를 파악하기 위함이기도 했습니다. 이후에 교리문답을 공부할 때에도, 가능한 한 많은 질문들을 곳곳에 심어 놓았습니다. 강의식으로 진행하면서도 주요한 주제를 다루는 부분에서는 질문들을 던짐으로써, 먼저 성도로 하여금 생각하게 하고 잘못된 대답일지라도 발언하게 하려고 했습니다.

특히 초반에는 의도적으로 그런 시간을 많이 가졌습니다. 아리송한 질문과 긴 침묵과 서로 눈치 보며 대답을 미루는 시간을 통해, 자의 반 타의 반 호기심 반으로 모인 성도들에게 변화가 생겼습니다. 서로를 향해 입고 있던, 나이와 직분으로 무장된 '아는 체하는 옷'을 점점 벗어 버리게 되었습니다. 그리고 '너도, 나도 똑같구나. 아무것도 모르는구나' 하는 '무식의 옷'을 서로에게 입혀 주었습니다.

초반에는 개인에게 답을 요구하기보다는 한꺼번에 손을 들어 의견을 표하게 하는 식으로 진행했습니다. 등 떠밀려 온 사람들에게 거부감까지 안겨 주는 것이 저 자신에게도 부담이 되었기 때문입니다. 또한 수용할 수 있는 창피함의 수위를 잘 조절하여 부작용을 일으키지 않게 하기 위함이었습니다.

어떤 식으로 공부하는 것이 최선인가?

지금은 좋은 교재를 선택하여 읽어 오고 그것을 바탕으로 함께 토론하고 연구하는 것이 더 좋겠다고 생각되지만, 당시 저와 함께해야 할 성도들의 상황과 환경을 고려하면 강의가 가장 좋은 방법으로 보였습니다. 그래서 교리문답 모임은 기본적으로 제가 준비한 강의로 진행되었습니다. 그러나 무엇보다도 제가 주요하게 사용한 것은, 『특강 소요리문답』의 부록인 마인드맵이었습니다. 모임 초반에 그것을 사용하여 전체적인 구조를 함께 살폈습니다. 그리고 이후에 개별 문항들을 공부할 때도, 처음에 살펴본 '전체 구조에서 어느 부분을 보고 있는지'를 계속 확인했습니다. 또한 각 부분들을 공부하면서 대요리문답과 신앙고백서, 하이델베르크 요리문답 등을 함께 살폈습니다. 그러자 그 자체로도 더욱 풍성한 이해를 이끌어 냈습니다. 뿐만 아니라 소요리문답 이후에 공부할 내용들을 성도들과 미리 맛보는 좋은 기회가 되기도 하였습니다.

오전반은 10시 30분에 모여 강의와 질문 시간을 다해 정오 즈음에 마쳤고, 오후반은 7시 30분에 모여 9시가 넘어서 마칠 때가 많았습니다. 질문이 많거나 이야기가 길어져 제시간에 마치지 못하는 날이 더 많았습니다. 교리문답 강의를 마치면, 성도들은 강의안에 나온 교리 적용에 대한 질문들을 토대로 '삶에 어떻게 적용할 것인가'를 나누었습니다. 진지한 대화와 토론이 오가고, 때로는 울고 웃으면서 신앙을 고백하고 나누는 모습을 볼 수 있었습니다.

주일학교 교사들 사이에서는 하루바삐 부서 아이들을 대상으로 교리교육을 하자는 선한 열심이 일어났고, 남편에게 다음 학기에는 열 일을 제쳐 두고 소요리문답 모임에 들어오라고 설득하기도 했습니다. 교리문답을 공부하고 나서 성경을 읽고 해석하는 틀이 전혀 달라졌다는 고백들도 있었습니다. 십계명을 공부할 때는, 그저 나의 인생을 사는 것이 아니라 하나님 앞에서 산다는 것을 생각하면 경건한 두려움을 품고 살아가게 된다고 고백하는 성도도 볼 수 있었습니다. 한편 자신이 지금껏 걸어온 신앙의 길과 그 내용이 너무나 달라서, 또는 인터넷이나 텔레비전을 통해 접한 이상한 신앙과 새롭게 배우는 교리문답의 복음이 충돌해서 고민에 빠지고 갈등하는 성도도 있었습니다. 그러나 미처 예상하지 못했던 그런 반응들도 나쁘지 않았습니다. 결국 하나님의 뜻대로 하는 근심이 되어 돌이키게 되기도 하였습니다.

분명한 사실은, 특별하다고 할 수 없는 방법들을 사용하더라도, 교리문답 자체만으로도 저와 성도들이 많은 유익을 누릴 수 있었다는 것입니다. 한국 교회에서 효과가 좋기로 소문난 프로그램들이 아니라, 단순하게 소요리문답을 함께 공부하여 그 진의를 바르게 알고자 애쓰고, 그 내용을 각자의 삶에서 고백하도록 온 힘을 다해 적용하는 것이, 성도들을 성경으로 바르게 이끌고 바른 신앙으로 인도하는 것을 보았습니다.

반드시 점검하자!

그저 강의를 듣는 것으로 그치지 않고 공부한 것을 더욱 분명하고 명확하게 하기 위해, 요리문답 1-38문답을 마친 후에 시험을 치렀습니다. 항상 사용하던 교재의 부록 마인드맵에 빈칸을 만들고는 그 자리를 채워 보는 것이었습니다.

두 번째 시간에는 1-38문답 자체를 다루었는데, 각 문답의 중요한 부분을 괄호 처리하여 빈칸을 채우도록 하였습니다. 일정 수준 이상의 성과를 이룬 성도에게는 함께 공부하는 동안 제가 소개했던 책들을 상품으로 주기도 하였습니다.

소요리문답 맵 빈칸 채우기 시험

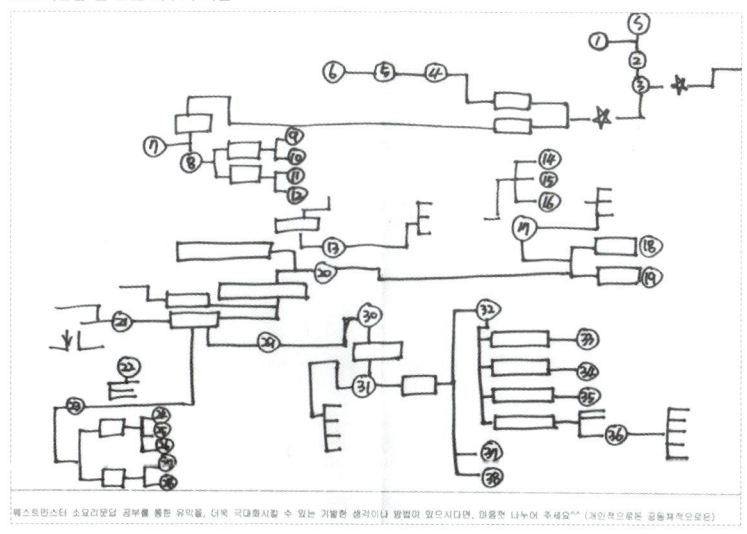

몇 가지 실수들

제가 맡은 중고등부에서도 예배 시간에 설교하면서 교리문답을 다루었습니다. 그리고 예배 후 분반 모임에서는 교사들과 함께 설교 내용을 토대로 어떻게 살아야 할지를 나누게 했습니다. 그러면서 저는 중고등부 교사들이 교리문답을 알아야 아이들을 가르치고 지도할 수 있지 않겠느냐고 설득하여, 반강제로 장년 오후반에 참석하게 했습니다. 그러나 결과는 참담했습니다. 교사들은 대부분 청년이었는데, 기존 장년반과 이해의 폭이 너무나 달라서, 초점을 어디에 두어야 할지 막막할 때가 많았습니다. 무엇보다도 오전반에는 성공적으로 이루어졌던 '무식의 옷 입기' 작업이 성공하지 못했고, 결국 한 달 뒤에 청년들은 아무도 남지 않게 되었습니다. 저로서는 참 쓰라린 경험이었습니다. 무엇보다도 이 시대의 청년들에게 너무나 절실하다고 여겼던 신앙고백이, 나로 인해 그들에게 너무나 고리타분하고 하찮은 것으로 비치게 되지는 않았을까 걱정스럽고 염려스러운 마음을 지금도 지울 수 없습니다.

두 번째 실수도 비슷했습니다. 한 학기를 지나면서 교회에는 교리문답에 대한 긍정적인 소문이 퍼지기 시작했습니다. 담임목사님은 한 구역 자체가 교리 훈련 프로그램에 들어가면 주중에 따로 구역 모임을 가지지 않아도 된다고 광고하셨습니다. 그래서 다음 학기에 한 구역이 기존의 오전반에 합류하게 되었습니다. 반을 하나 더 신설하기가 벅차다고 판단하여 우선 합반을 한 것입니다. 물론 힘들겠지만, 지나간 문답에 대해서는 책을 더 읽게 하면서 격차를 줄여 가고자 했습니다. 그러나 기존 구성원과의 간격은 어찌할 수가 없었고, 모두가 조금씩 힘이 빠지기 시작했습니다. 결국 2학기에 들어온 구역은 모임에서 나가게 되었고, 기존 모임의 구성원들은 공부에 더 집중하지 못했다는 아쉬움을 가질 수밖에 없었습니다. 진도가 다른 두 그룹의 합반은 무리였습니다. 여러분은 이런 저의 실수를 반면교사로 삼으시기를 바랍니다.

미처 마치지 못한 소요리문답 모임

예기치 않게 다른 교회로 부임하게 되면서, 교리문답 모임은 60문답에서 멈출 수밖에 없었습니다. 함께 공부하던 성도들은 아쉬워하며 눈물까지 보였고, 저도 마음이 무거웠습니다. 그러나 제 역할이 거기까지인 것으로 알고, 남아 있는 교역자에게 모임을 부탁했습니다. 이후 그 모임이 소요리문답의 마지막 문답인 107문까지 무사히 공부했다고 들었습니다.

당시 교리문답을 함께 공부한 성도들이 제게 보여 준 눈물과 애정과 아쉬워하는 모습들은 오늘날 한국 교회의 목마른 사람들이 보내는 애타는 손짓 같았습니다. 지금도 그것을 잊을 수 없습니다.

지금 섬기는 교회에서는 주일 오후에 소요리문답으로 성도들과 함께 재미있게 공부하고 있습니다. 교사가, 목사가 모임을 위해 '맨땅에 헤딩'을 열 번 하는 한이 있더라도, 결국 그 수고가 헛된 것이 아님을 반드시 알게 될 것입니다.

다음 사진은 방금 시험을 끝낸 오후반의 시험지입니다. 오후반은 연세 높은 어르신 다섯 분이 전부인데도 언제나 성실하게 공부하십니다. 늘 저를 감동시키시는 분들이지요. 이번 시험도 열심히 준비하셨는데, 연세가 연세인지라 자꾸 잊어버린다고 안타까워하셨습니다. 헤어질 때면 잘 가르쳐 주는데도 못 따라간다면서 자꾸 죄송하다고 하십니다. 마음 깊은 곳에서부터 이분들을 향한 기도가 절로 나옵니다. 저는 참으로 행복한 목회자입니다.

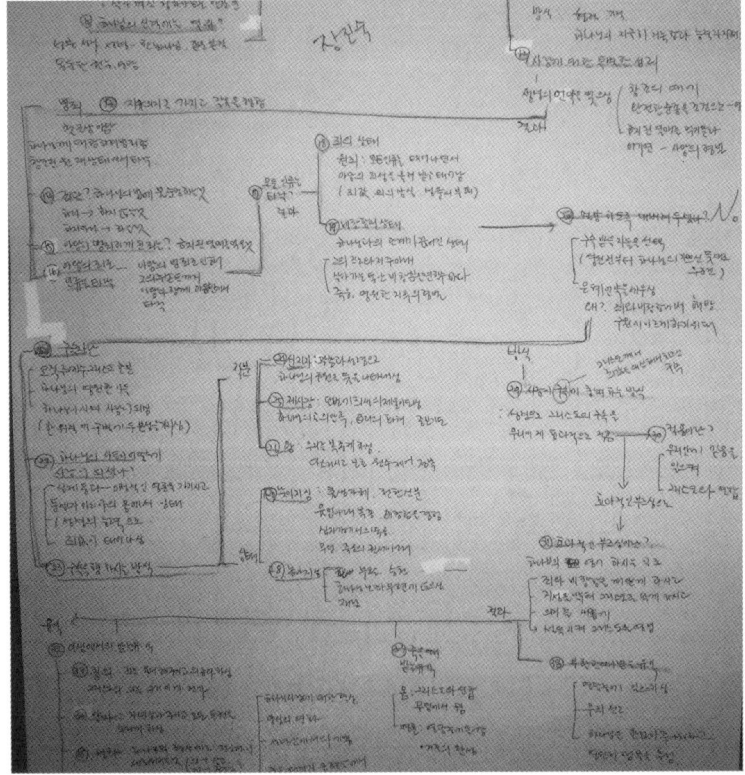

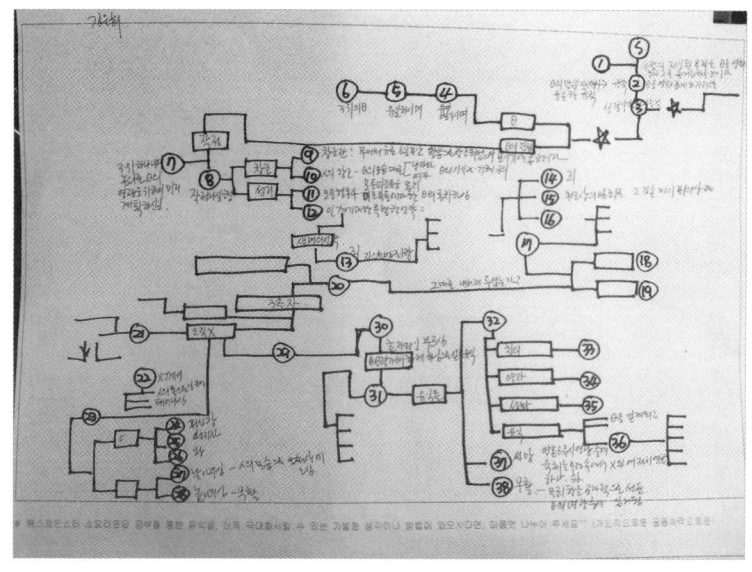

더 생각해 보기

"왜, 왜 그럴까?"라고 자꾸 물어보세요!

교리문답을 정확히 이해하려면, 교리문답에 나오는 질문을 있는 그대로 받아들이지 마십시오. 질문을 당연하게 받고 넘어가 답부터 보려고 하지 마십시오. 무슨 질문이 나오든지 '왜' 이런 질문을 던졌는지부터 고민해 보십시오. "이 질문이 꼭 필요한가? 왜 하필 여기서 이것을 묻는가?"를 따져야 합니다. 길 가다가 누가 전화번호를 물어보면 넙죽 알려 주지 않습니다. "왜요?"라고 되묻기 마련입니다.

웨스트민스터 대요리문답 5문은 "성경은 무엇을 주로 가르치는가?"라고 묻습니다. 이 질문의 의도가 무엇일까요? 만약 이 질문이 없다면 전후 문맥은 어떻게 될까요? 4문에서 성경이 하나님의 말씀인 것을 배우고 나서, "자, 이제 가서 성경을 잘 읽으세요. 성령님께서 도와주실 것입니다!"라고 말하고 끝내 버린다면 어떨까요? 교리문답은 거기서 끝나고 말 것입니다. 대(大)요리문답이라는 이름조차 무색할 것입니다. 질문과 답변이 다섯 개로 구성된 '초미니 교리문답'이 될 것입니다. 이제 성경을 읽으러 가면 되는데 교리문답을 더 붙잡고 있을 이유가 무엇이겠습니까? 성경만 보면 되는데 말입니다.

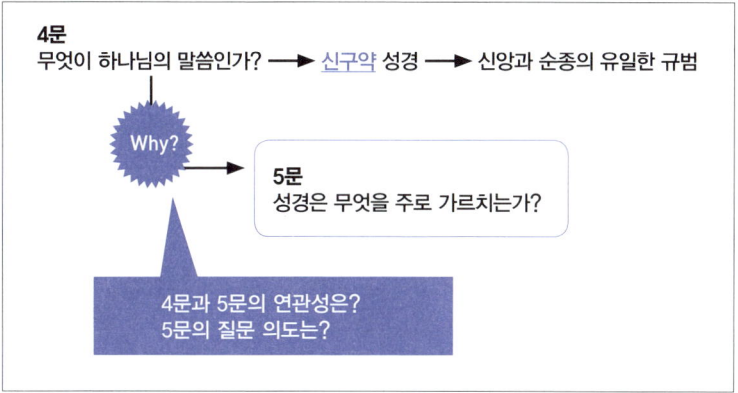

그런데 사실 한국 교회에는 이런 사고방식이 만연합니다. 통계로만 본다면, 한국 교회만큼 성경에 대한 관심이 큰 곳도 드물 것입니다. 한국의 개신교 신자들은 성경을 굉장히 잘 알고 싶어합니다. 한국에서 가장 많이 팔리는 책은 단연 성경이며, 성경을 잘 알게 해 준다는 참고서나 교재는 쉽게 베스트셀러 목록에 오릅니다. 성경을 가르쳐 준다는 사설 강좌에 수십만 원씩 내고 참가하여 며칠씩 합숙하는 열혈 신자들이 가득합니다. 심지어 (우스갯소리지만) 한국에서 이단이 되려면 기본적으로 성경을 빠삭하게 알아야 한다고 합니다. 성경을 모르면 이단도 못 해 먹습니다. 그렇다면 정말로 한국의 신자들이 성경을 잘 알까요? 그런 것도 아닙니다. 그렇다면 무엇이 문제일까요? 우리가 성경을 볼 때 '성경이 무엇을 말하느냐'에는 별 관심이 없고, '성경에서 내 관심을 끄는 부분이 어디일까'에만 초점을 두는 것이 문제입니다. 성경을 자기가 읽고 싶은 대로 읽는 것입니다. 우리는 그것을 고쳐야 합니다. 바로 이것이 성경 읽기와 교리교육이 반드시 병행되어야 하는 이유입니다.

한국 교회에는 '여자 성도들은 공부하기 싫어한다'는 이상한 편견이 있습니다. 필자는 그런 선입견이 틀렸음을 몸소 보여 줍니다. 교회에서 수년간 제자 양육과 독서 모임을 인도했으며, 동시에 장서 3만여 권에 달하는 교회 도서관 담당자로 섬겨 온 열혈 독서가이기도 합니다. 특히 30대부터 60대까지 다양한 연령층의 여성들과 교리를 공부하면서 얻었던 유익과 시행착오를 함께 나누고자 합니다. 그 목소리를 들어 보십시오. 확신이 생길 것입니다.

소그룹일수록 효과적입니다.
특별히 여성들은 기본적으로
각자의 삶과 신앙을 나누면서 가까워지고 마음이 열리며,
서로 인격적인 관계 가운데서 공부해야
학습 효과가 높습니다.
……
공동체 안에서 지체들과 반드시 나누고 섬겨 보십시오.
하나님께서 하십니다.

03
장년부 여성들의 교리 공부 도전기

서자선 |

누구나 성경을 잘 알고 싶어합니다. 하지만 그것은 어려운 일입니다. 부분적인 지식이 있다 하더라도, 전체를 보는 것은 쉽지 않습니다. 그래서 수많은 신자들이 신앙의 질서가 바로 서지 못한 채 치우치거나 감정적이거나 자극적이거나, 때로는 사변적인 요소를 추구하고 선호합니다. 구약과 신약의 개론서를 읽거나 성경의 맥을 짚어 준다는 책을 읽고 또 읽어도 무언가 제가 원하는 가닥을 잡을 수 없었습니다. 성경의 큰 '그림'이 그려지고 '틀'이 잡히는 듯했지만, 선명한 그림은 그려지지 않았습니다. 책을 많이 읽어 보아도 약한 뼈대에 엉뚱하게 살만 찌우는 형국이었습니다.

교리문답의 체계성에 매료되다

그러던 저에게 가장 큰 유익을 준 것은 바로 웨스트민스터 소요리문답이었습니다. 몇 년 전에 소요리문답을 읽고 배울 때 마치 신세계를 만난 것 같았습니다. 성경 전체가 말하는 핵심을 자상하게, 때로는 간략하게 설명하고 근거 구절까지 제시하면서 확인해 가는 작업은 참으로 신기할 만큼 흥미로웠습니다. 질문과 대답을 통해 기독교 신앙의 가장 기본적인 내용을 교육하는 방법은 저를 사로잡았습니다. 무엇보다 정곡을 찌른 것은 '우리가 믿어야 할 내용'과 '우리가 행해야 할 내용'이 너무나 명쾌하게 설명되는 것이었습니다. 신앙의 기초를 기본부터 차곡차곡 세워 가는 느낌과 더불어 갖게 된 신앙의 확신은, 희열에 가까웠습니다. 그때부터 저는 시중에 나와 있는 소요리문답 해설서들을 찾아보기 시작했습니다.

때마침 저는 5, 6명 정도로 구성된 독서 모임 네 개를 진행하고 있었습니다. 평소에 꾸준히 독서 모임을 해 오던 분들이라 진리에 대한 간절함도 컸습니다. 우선 그분들에게 소요리문답을 공부하자고 권했습니다. 물론 제가 먼저 교리문답의 내용은 물론 역사와 의미, 목적, 방법 등에 능숙해져야 했습니다.

좌충우돌 모임 속에서 거듭된 시행착오와 극복

열세 사람이 모임에 신청했습니다. 주로 40대 중후반으로, 이제 막 교회에 온 초신자부터 교회에 다닌 지 꽤 오래된 신자들까지 다양한 신앙 배경과 독서 이력을 가지고 있었습니다. 소요리문답이라는 용어조차 생소한 사람이 있는가 하면, 어렴풋한 기억 속에 소요리문답이라는 것이 자리하고 있는 사람도 있었습니다.

『특강 소요리문답』을 주 교재로 삼아, 상·하권을 각각 공부할 계획으로 출발했습니다. 처음부터 너무 지루할까 봐 선택한 방법이었는데, 지루해하기는커녕 3개월이 너무나 짧게 느껴졌습니다. 기본적으로 두 시간을 공부하는데도 함께 나누다 보면 진도를 나가기가 쉽지 않았습니다. 그래서 서둘러 진도를 나가자 모두들 나눔이 적어서 아쉬워하는 눈치였습니다. 물론 교재에 의존하며, 교재가 말하는 만큼은 나누고자 노력하였습니다. 혹시 의문점이 생겨 질문이 나오면 목사님들께 도움을 청하곤 하였습니다. 집사님들은 교리를 공부하는 내내 하고 싶어하는 이야기가 많았습니다. 하지만 제한된 시간에 계획된 진도를 나가야 한다는 강박관념에 사로잡혀 진도 나가기에 바빴습니다. 이후에 나눔이 적었던 것을 많이 아쉬워했습니다. 여하튼 그렇게 상·하권을 6개월 만에 마쳤습니다.

좀 더 구체적이고도 본격적인 과정에 들어가기 전에, 교리 공부의 목적을 세우고 이해를 돕고자 교리가 무엇이며 어떤 역사적 배경을 가지고 있는지를 간략히 설명함으로써 기독교의 전통 유산으로서 교리의 위치를 소개하는 시간을 가졌습니다. 교재를 매주 한 장씩 미리 읽어 오게 했고, 각 질문의 근거 구절은 반드시 찾아보라고 권했습니다. 그리하여 성경이 익숙해지도록, 자연스럽게 성경을 자주 보고 읽도록 유도하였습니다. 근거 구절들을 찾아 읽다 보면, 전후 문맥을 읽어야 하고 때로는 본문 전체를 읽어야 하는 경우도 있기 때문에, 성경을 집중해서 읽게끔 하는 데 안성맞춤이었습니다.

독서력이 있는 사람들은 매 장 '더 깊은 이해를 위한 책'들을 읽도록 하였습니다. 이는 경건 도서의 유익을 두 배로 경험하는 독특한 계기가 되었습니다. 성경과 교리를 더 깊이 공부할 수 있었던 것입니다. 교재 구석구석에 적힌 깨알 같은 글씨와 사례, 곰돌이 그림들도 놓치지 않고 보려고 노력하였습니다. 글과 그림 하나하나에 저자의 의도가 담겨 있다는 것을 알 수 있었기 때문입니다. 어느 집사님은 공책에 1문부터 차례대로 맵을 그려 가면서 정리하기도 했습니다.

50,60대 권사님들과의 모임

첫 번째 모임에서 소요리문답의 2부로 『특강 소요리문답』 '하권'을 배우기 시작할 무렵, 50,60대 권사님들과 교리 공부를 시작하게 되었습니다. 1기 모임에서 나타나는 반응과 선전에 힘입은 것이었습니다. 특별히 이것은 권사님들이 자발적으로 구성원을 모집해 함께 공부하자고 제안하신 모임이었습니다. 권사님들은 1기 집사님들보다 연령대가 높아서인지 오히려 소요리문답에 대해 들어 보셨거나 예전에 공부해 보신 분도 계셨습니다.

권사님들의 모임에는 놀랍게도 열네 명이나 모였는데, 젊은 집사님들

아이를 안고 간식을 나누며 교리 공부에 열심인 권사님들의 모임

도 섞여 있었습니다. 인원이 너무 많은 것 같아서 연령별로 두 팀으로 나누었습니다. 결국 소요리문답을 공부하는 모임이 상권 두 팀, 하권 한 팀으로 무려 세 팀이나 생긴 것입니다. 힘에 부쳤지만 마음은 날아갈 듯 기뻤습니다. 진리의 우물을 함께 파고 있다는 사실이 이루 말할 수 없이 기쁘고 즐거웠습니다.

다행히도 새롭게 구성된 젊은 집사님 팀은 지난 경험을 살려 3개월 공부 계획으로 순조롭게 진행할 수 있었습니다. 이를 통해 구성원들은 대부분 복음에 대해 단편적이고도 어설프게 알던 것을 체계적으로 배우고 익혀 정리할 수 있었고, 신앙에 대해 머릿속으로 막연하게 알고 있던 생각들을 점검하는 계기가 되었다고 고백하였습니다. 또한 비교적 시간이 짧아 제한된 나눔이었지만, 그 시간을 통해 서로의 이야기를 들으면서 반성하고 자극도 받았다고 고백하였습니다. 몇몇 열정적인 집사님들은 교재에서 소개하는 도서들을 앞 다투어 읽었습니다. 그 모습을 보면서 저 역시 은혜와 도전을 받았습니다. 함께 공부한 많은 사람들은 성경이 익숙해지고 성경을 집중해 읽을 수 있게 되었으며, 무엇보다 설교가 잘 들리기 시작했다고 말하였습니다. 또 어떤 사람은 적용할 수 있는 접촉점이 될 만한 소재를 교재에 다양하게 넣어 주어 좋았다고 했습니다. 뿐만 아니라 페이지마다 움직이는 그림들의 표정과 표현들 덕분에 지루하거나 딱딱하지 않았다고 하였습니다. 맵을 비롯하여 도표를 통해 일목요연하게 정리해 주는 부분들도 많은 도움이 되었다면서 직접 맵을 그려 보기도 했습니다.

그런데 아쉽게도 몇몇 권사님들은 책의 논리를 따라오기 힘겨워하셨습니다. 오랫동안 활자를 가까이하지 않은 데서 오는 아쉬움이었습니다. 연세 탓에 시력이 저하되는 등의 이유로 집중력이 떨어지기도 했습니다. 그래서 네 명이 중도 하차 하고 말았습니다. 그러나 남은 세 명은 마지막까지 정말 열심히 하셨고, 은혜를 많이 누렸습니다. 권사님들은 성경을 더욱 쉽고 명쾌하게 이해할 수 있었다고 하셨습니다. '내가 이 나이에 이런 공부도 할 수 있구나', '이렇게 하나님을 알아 가는구나' 하는 생각에 매주 모이는 시간이 기다려진다고 하시면서 간식도 풍성히 제공하셨습니다. 오랜 세월 예수님을 믿었건만 피상적으로만 알았던 예수님이 가슴 깊이 와 닿았고, 죄에 대해서도 더욱 구체적으로 회개하게 되었다고 하셨습니다. 이것이 계기가 되어 다른 성경 공부에도 더욱 박차를 가하게 되었답니다. 또한 예배가 이전보다 더 감격스럽다고 하셨습니다. 이제 성경을 읽고 묵상하는 것이 훈련되어 즐거운 신앙생활이 무엇인지를 뒤늦게 발견했다고도 하셨습니다. 그리고 예전에 잘못 알았던 부분을 수정하는 과정에 마음이 다소 불편하기도 했다고 솔직하게 고백하시기도 했습니다.

새로운 시도를 위해

세 팀의 교리 공부는 즐겁고 유익했습니다. 무엇보다 교리를 통해 신자로서의 정체성을 다시 확인하는 것이 좋았습니다. 교회를 바라보는 시각이 새로워지고, 삶과 신앙의 태도와 방향이 성경적으로 변화하기 시작했습니다. 모든 사람들이 한결같이 남은 인생을 어떻게 살아야 할지를 생각하고 현재의 삶을 점검하는 계기가 되었다고 하였습니다. 그리고 하나님을 아는 지식이 얼마나 중요한지를 절감하고, 분별하는 눈을 뜨게 되었다고 하였습니다. 참으로 우리 가운데서 계획하고 일하시는 하나님의 섭리를 서로 확인하고 고백하는 놀라운 시간이었습니다.

저는 이러한 경험들을 살려, 작년 하반기부터 청년 5명과 함께 상권을 마치고 하권을 공부하고 있습니다. 또한 30대 젊은 어머니들로 구성된 8명의 성도들과도 공부를 시작했습니다. 시간이 부족하지 않도록 이번에는 6개월 과정으로 공부하고 있습니다. 그러다 보니 1차 나눔 시간도 풍성해져 구성원들의 마음이 일찍 열리고 공부하는 분위기가 한층 더 좋아졌습니다. 감동적인 시간들의 연속입니다. '나눔'은 주로 공통적으로 듣는 주일 예배의 담임목사님의 설교를 한 주간 동안 묵상하고는 그것으로 합니다. 그래서 설교 시간에 필기하면서 집중할 수밖에 없습니다. 이번 팀은 종전의 구성원보다 젊은 관계로 조만간 맵 그리기를 시도해 보려고 합니다. 다행히 지난번에 중도 하차 한 사람들 가운데 몇몇이 다시금 도전하겠다는 의사를 표현하였습니다.

갈급한 성도들에게 교리교육으로 진리를 가르쳐야 한다

한국 교회에는 교리 공부가 선택이 아니라 필수라는 인식이 시급히 확대되어야 합니다. 모든 교회가 교리를 공부하게 되기를 바랍니다. 교리를 공부하니, 성경 전체를 보는 눈이 커지고 복음의 내용이 정돈되고 뼈대가 생겨서인지 안정되고 힘이 납니다. 복음의 풍성함을 누리게 되니, 성경의 권위 아래 더욱 겸손해지고, 진리를 묵상하고 탐구하며 거룩한 삶을 더더욱 갈망하게 됩니다. 저는 이제야 조금 맛을 본 것 같습니다. 그 맛이 너무나 흥미롭고 달콤해서 도저히 혼자만 먹을 수가 없습니다. 공동체 안에서 지체들과 반드시 나누고, 먼저 섬겨 보기를 바랍니다. 하나님께서 하십니다.

디딤돌
시행착오를 통한 교훈

어려웠던 점을 나눌까 합니다. 인원도 많고 기대감과 회의감이 뒤섞인 가운데 모임을 시작하다 보니, 자연스럽게 진도를 따라오지 못하거나 어려워하는 사람들이 생겼습니다. 선택한 교재에 대한 신뢰를 잃고 방황하는 사람도 있었습니다. 그런 사람들은 부득이 중도에 하차할 수밖에 없었습니다. 결국 일곱 명만이 끝까지 함께 공부할 수 있었습니다.

이러한 시행착오는 가장 값진 교훈을 주었습니다. 이후에 구성원을 어떻게 꾸려야 할지를 배웠습니다. 소그룹일수록 효과적입니다. 일방적인 강의 형식이 아니라면 더욱 그렇습니다. 특히 여성들은 기본적으로 각자의 삶과 신앙을 나누면서 가까워지고 마음이 열리며, 서로 인격적인 관계 가운데서 공부해야 학습 효과가 높아집니다. 또한 성경을 자세히 알거나 설령 그렇지 못하더라도 바르게 알고자 하는 의지를 가진 사람들이, 복음의 내용을 더 깊이 알고 깨닫게 되며 순종하고 실천하고자 애쓰는 것을 보았습니다. 그러므로 성경을 얼마나 많이 아느냐 하는 것은 공부하는 데 그리 중요하지 않습니다.

더 나누고픈 이야기

"혹시 교리교육하고 계시나요?
도움을 구합니다."

SNS에서 몇몇 교사들이 나눈 대화를 각색해 보았습니다.

이동준

> 혹시 대학생이나 청년들에게 교리교육을 하고 있는 분 계신가요? 교육과정과 교리 공부 후 적용에 대한 의견과 조언을 얻고 싶습니다.

SJ

> 서자선 집사님을 만나 보시기를 추천합니다. 지금 하고 계신 걸로 알고 있어요.

이동준

> 오! 어서 소자에게 기술을 나누어 주소서.

서자선

> 대학생들과 학기 중에 특강 소요리문답에 있는 3개월 계획안으로 진행해 첫 번째 팀(6명)이 상·하권을 마쳤

습니다. 지금 2기가 시작되었고요. 상·하권 각각 3개월로 짜여 있습니다.
그리고 지난 여름 방학에는 '하루 종일 교리 공부'라고 이름 붙여 2,3일간 오전 10시부터 오후 6시까지 종일 집중적으로 공부했어요. 7월에 상권, 8월에 하권을 했지요.
그야말로 압권이랍니다! 친구들의 집중력과 몰입력이 정말 대만족이었습니다.

임채민

오, 몰입형 공부 방식은 처음이에요. 좋은 것 배워 갑니다.

서자선

완전 작정하고 하니까 효과 만점입니다.
방학마다 진행할 것 같고요. 물론 방학팀과 학기팀의 구성원은 서로 다릅니다. 모두 대학생들이에요.
저는 목회자가 아니라서, 가르친다기보다는 미리 읽어 오게 하고 기본적인 것만 설명하고서 나누는 식으로 진행합니다. 그런데 아무래도 설명을 많이 하게 된답니다. 친구들이 워낙 교리가 처음이라서요. 중요한 것은 이 친구들이 결국 성경을 보게 되고, 주변에 소문을 내서 성경 공부반에 신청하는 사람들이 늘어난다는 거예요.

SJ

오, 하루 종일 교리 공부라니!

서자선

하루 종일 교리 공부는 정말 모험이었는데, 기대 이상이었습니다.

이동준

좋은 말씀 감사합니다. 한번에 집중해서 하는 것도 좋은 방법인 것 같아요.

서자선

3개월씩 하는 팀은 구성원에 따라, 인도자에 따라 다양한 방법이 활용되리라 봅니다. 기도해요.
참, 반드시 근거 구절을 살피는 것이 중요합니다. 교리가 성경에서 비롯되었다는 것을 인식하도록 말이에요. 그리고 실제로 삶에 적용하도록 주중에는 메신저 등으로 대화하고요.

이동준

교리 공부가 그저 공부로만 끝나지 않도록 하는 게 정말 중요한 것 같아요!

서자선

> 네, 맞아요. 배운 대로 살아 내는 게 참 어렵지요. 다행히 이 친구들이 성경 공부도 하고, 특히 독서를 시작하더군요. 기독교 도서를 찾아 읽으면서 다시금 교리를 다져 주는 효과가 있었어요. 어떤 친구는 작년에 교리를 공부했는데 지금 또 해요. 반복하는 거죠.

이동준

> 감사하게도 저희 교회 청년부는 자발적으로 독서 모임과 기도 모임을 활발히 진행한답니다. 교리 공부를 통해, 기존의 모임들이 더 탄력을 받게 될 것 같습니다. 앞으로가 기대됩니다.

서자선

> 그렇군요! 저도 기대됩니다. 청년들을 위한 추천 도서 목록이 있으면 저에게도 나눠 주세요.

이동준

> 네, 그렇게 할게요. 조언 감사합니다.

교파가 서로 다른 사람들이 한자리에 모여 교리를 공부해야 한다면, 그 모임의 인도자는 어떤 기분일까요? 상상만 해도 아찔합니다. 필자는 선교 단체 간사로 사역해 온 경험을 살려, 다양한 연령과 직업, 그리고 다양한 교파에 속한 사람들과 교리를 공부하고 있습니다. 신앙 배경이 서로 다른 구성원들과 함께 교리를 공부할 때 어떤 일이 일어나는지, 그리고 그것을 어떻게 풀어 가는지, 사려 깊고도 진솔한 경험담에 귀를 기울여 보십시오.

교리 공부를 마치고 나서,
이 질문으로 자신을 꼭 점검해 보세요.

'내가 공부하기 전보다,
성경을 더 사랑하게 되었는가?'

04
초교파 구성원들과 교리 공부를 시작하다

전병모

저는 신학대학원 과정을 거의 마쳐 갈 즈음 교리문답을 만났습니다. 지도 교수님의 추천으로 알게 된 황희상 형제의 강의를, 학교에서 우연히 한 시간 가량 접할 기회가 있었습니다. 교리문답의 논리적 연결성으로 전체를 구조화하는 강의를 듣자마자 10분 만에 그동안 공부했던 신학 지식 전체가 정리되었습니다. 저와 함께 공부했던 어머니도 그동안 평생 읽고 공부했던 내용이 도서관처럼 정리되는 것 같다고 말씀하셨습니다. 그렇게 저는 우리가 믿는 바의 뼈대를 잡아 가는 데 교리가 중요하다는 것을 체감하고서 교리를 공부하게 되었습니다.

그 후로 지금까지 일곱 팀과 소요리문답을 공부했습니다. 구성원은 20대 중후반에서 60대까지 다양했고, 주로 직장인이었습니다. 교회 성도들과 두 번, 가정(부모님과 제수씨)에서 한 번, 나머지는 선교 단체 등을 통해 알게 된 초교파 모임에서 진행했습니다. 먼저, 간단히 식사를 하고 간식을 먹으면서 자연스럽게 삶을 나누면서 시작합니다. 이후 찬양을 부르며 하나님을 높이고 기도합니다. 이어서 책을 읽고 각자 적어 온 소감문을 서로 나누며 궁금한 점에 대해 이야기하는 시간을 갖고, 인도자가 정리합니다. 그러고 나면 마인드맵으로 그날 배운 내용을 정리하고 발표합니다. 마지막으로, 그날 배운 내용과 다짐을 토대로 함께 기도합니다. 그렇게 모임을 진행하면서 제가 경험한 실수들이나 잘했다고 생각되는 부분을 나누고 싶습니다.

참여자가 주도하는 진행 방식, 연습만이 답이다

이 모임은 예습이 중요합니다. 미리 책을 읽고 소감문을 작성해 온 상태에서 시작하는 것을 기본으로 합니다. 『지금 시작하는 교리교육』에서도 언급하듯이 일방적인 강의 방식이나 인도자가 인도자용 교재를 보면서 답을 알려 주는 식이 아니라, 각자 작성해 온 소감문을 나누며 질문하고 답해 보는 자발적인 진행 방식이 교리교육에 효과적이라고 믿었고, 참여자들에게 그것을 요구했습니다.

물론 쉽지는 않았습니다. 잠시만 정신을 놓고 있으면 모든 질문이 저에게로 돌아오고, 저는 거기에 열심히 대답하느라 어느새 강의식이 되어 버립니다. 특히 인도자가 목회자라면, 대부분 너무나 쉽게 그렇게 되어 버리는 것 같습니다. 그래서 저는 강의식이 되지 않도록 애쓰면서, 그저 사람들의 이야기가 잘 진행되도록 연결하는 역할을 하는 데 집중했습니다. 그 과정은 정말 실패의 연속이었습니다. 예습해 오지 않은 사람이 많을수록 그럴 수밖에 없었습니다. 이 방식이 과연 옳은가 하는 회의도 들었습니다.

그렇게 두세 팀을 진행한 뒤, 출석하는 교회 목사님의 권유로 티칭 방법론을 가르치는 단체에서 하는 수업에 참석할 기회를 얻었습니다. 그곳에서도 앞에서 말한 것처럼 모두가 예습한 뒤에 대화하는 방식을 훈련했습니다. 그리고 실습 과정을 통해 인도자가 말을 얼마나 많이 하는지, 그리고 흐름이 끊길 때 어떻게 대처하는지를 주로 평가하였습니다. 참석하는 사람들은 이 훈련을 어려워했습니다. 그런데 저로서는 별로 어려울 것이 없었습니다. 더구나 제 점수가 그 기수의 최고점이었다는 담당 목사님의 칭찬까지 받았습니다. 쑥스럽게 이 이야기를 하는 이유는, 그런 방식이 어렵지만 '옳다'는 것을 말하고자 함입니다. 특히 목회자들에게 그런 진행 방식은 낯설고 어렵습니다. 항상 사람들을 장악하고 인도해야 한다는 강박관념을 버리기가 힘든 탓입니다. 그러나 바꿔야 합니다. 만약 그것이 힘들다면, 제가 참여한 단체와 같은 곳에서 도움을 받는 것도 좋을 듯합니다.

자발적 참여, 어떻게 이끌어 낼까?

한 번은 자기 의지와 상관없이 참여한 사람들의 모임을 인도해 보았습니다. 정말 쉽지 않았습니다. 제가 결과를 판단할 수는 없지만, 인도자로서 부정적인 느낌이 들었습니다. 원론적인 이야기이지만, 결국 스스로 '필요성'을 느껴야 합니다. 그때를 기다리는 것이 중요합니다. 옆에 있는 사람은 애타는 마음에 어떻게든 듣게 하려고 무리하게 권하겠지만, 자제해야 합니다. 그래도 꼭 해야만 하는 상황이라면, 저는 한 가지를 강조하고 싶습니다. 그것은 '예비 교육'입니다.

처음에 저는 아는 것이 없고 의욕만 앞서 제대로 소화하지 못한 다른 사람의 내용으로 형편없는 예비 교육을 진행했습니다. 그런데 경험이 쌓이다 보니 감을 잡을 수 있었습니다. 예를 들면, 오늘날 한국 사회에서 두드러지는 교회의 문제점에 대해 묻고 답하면서 균형 잡힌 그리스도인으로서 살아가려면 무엇이 필요할지를 함께 고민해 보는 것으로 시작해도 좋습니다. 그리고 그런 고민들이 성경 안에서 정리된 교리를 통해 해결될 수 있으며, 게다가 그것이 이미 역사 속에서 믿음의 선배들이 쓴 책에 '신앙의 체계', '토대', '기초', '원리'라는 여러 이름으로 담겨 있다는 사실을 소개할 수 있습니다. 첫 모임을 이렇게 진행했더니 구성원들은 이전보다 더 쉽게 관심을 가지고 열심히 준비해 오게 되었습니다. 오히려 그동안 그런 것을 잘 몰랐던 자신을 의아하게 생각하기도 했습니다.

쏟아지는 질문들, 어떻게 조율할까?

질문이 터져 나오는 경우와 질문이 없는 경우에는 각각 다른 방법으로 대처해야 합니다. 가장 안 좋은 예는, 예습을 하지 않아 질문이 너무 많은 경우입니다. 그럴 때는 모임이 소모적인 논쟁으로 변하기 쉽습니다. 논쟁에 직접 참여하지 않는 나머지 사람들은 그 시간이 지루하고 견디기 힘듭니다. 그럴 때는 '예습을 해 와야 질문할 수 있다'는 식의 규칙을 만드는 것도 좋습니다.

그다음으로 힘든 경우는, 질문이 아예 없는 경우입니다. 그런데 사실 그런 문제는 거의 생기지 않습니다. 질문이 많아서 문제이지, 질문이 없어서 문제인 경우는 드물었습니다. 그러나 가끔 질문이 아예 없는 경우가 생기면, 결국 인도자가 강의하는 식이 되고 맙니다. 그래서 저는 주로 꼬리에 꼬리를 무는 질문을 들어 미처 드러내 놓지 못한 생각의 연결 고리를 짚어 내는 방법을 사용했습니다.

한편 질문이 감당할 수 없을 정도로 쏟아지는 경우도 문제입니다. 모임과 구성원에 대한 신뢰가 생기고 자유롭게 질문할 수 있다는 인식이 생기고 나면, 그때부터는 몇십 년 동안 신앙생활을 하면서 마음속에 꾹꾹 담아 두었던 질문들을 쏟아 내곤 합니다. 처음에는 그것을 즉시 해결해 주려고 노력했습니다. 그런데 몇 번의 경험이 쌓이자, 그런 궁금증이 대부분 그다음 주에 읽을 내용에 다 담겨 있어서 예습하는 동안 자연스레 풀리게 된다는 사실을 알게 되었습니다. 이는 소요리문답의 구조가 가진 독특성 때문입니다. 그래서 적절히 질문을 조절하고, 예습할 때 한 단원 만이 아니라 앞뒤의 내용을 같이 읽어 가면 많은 도움이 된다는 것을 발견할 수 있었습니다. '소요리문답의 구조가 뒷부분을 공부해 나갈수록 앞부분에 대한 이해가 높아지는 특징을 띤다'고 미리 설명하면 도움이 될 듯합니다.

그렇다고 질문 자체를 막을 필요는 없습니다. 그 질문들을 다 하게 하고, 잘 적어서 보관하게 합니다. 그러고 나서 공부하는 동안 그 질문 목록을 수시로 확인하면, 공부에 대한 적극성이나 재미의 측면에서도 도움이 될 것입니다. 실제로 그렇게 자신의 질문과 당시의 생각, 그리고 얻은 대답들을 잘 정리한 사람이 크게 발전하는 모습을 보았습니다.

부작용! 교리를 배운 뒤에 자신의 교회를 비판하게 된다면?

소요리문답을 배우는 과정에 자연스럽게 자기 교회의 형편을 토로하면서 점점 부정적이고도 비판적인 언사가 늘어나는 것을 종종 봅니다. 물론 진리의 문제를 무조건 못 본 척 참고 넘어가라고 말할 수는 없습니다. 다만 지혜가 필요합니다. 교회에 대한 비판이 어디에서 나온 것인지를 생각해야 합니다. 자신의 억울함을 토로하여 시원해지기 위함인지, 아니면 주님의 몸 된 교회가 바르지 못한 데 대해 애통해하는 마음에서 비롯된 것인지를 분별해야 합니다. 이럴 때, 교회를 위해 함께 기도하면서 진행하면 도움이 많이 됩니다.

사실 제가 가장 마음 아프게 생각하는 부분은 기도에 대한 것입니다. 교리를 배우는 것은 하나님을 더 잘 알고 가까이하기 위함일 텐데, 참여자들이 대부분 공부를 하면서 점점 기도를 하지 않게 되는 것을 발견했습니다. 특히 본래 뜨겁게 기도하던 사람들(특정 교파)일수록 그런 현상이 두드러졌습니다. 자신의 기도가 올바른지를 의심하게 되었던 것입니다. 하나님의 예정과 주권에 대해 공부하되 깊이 이해하지 못할 때 그런 현상이 나타납니다. '내 기도는 소용이 없구나. 이렇게 기도하는 것은 틀린 기도이니 차라리 안 하는 게 낫다'라고 생각하는 것입니다. 그런 조짐이 보일 때마다 결코 그렇지 않다고 이야기했습니다. 기도를 통해 우리가 배운 내용이 우리 삶에 자리 잡는다는 사실을 강조했습니다. 그리고 그런 이유 때문에, 공부하기 전에 함께 찬양하고 기도하는 시간을 적극적으로 가지면서 보완해 나가기도 했습니다.

소요리문답의 신학 노선과 다른 입장을 가진 참석자가 있다면?

신학 노선의 문제는 상당히 예민하고도 중요한 부분입니다. 저에게는 이 부분이 가장 힘들었고, 지금도 가장 힘이 듭니다. 어떤 팀은 원래 신뢰 관계를 돈독하게 구축하고 있던 사이인데도, 공부 시간에 대화가 공격적이어서 힘들었다고 고백하기도 했습니다. 어떤 모임에서는 서로가 처음부터 부딪치고, 자신들의 신앙이 통째로 잘못되었다고 매도당하는 느낌을 받은 나머지 구성원들이 돌아가면서 울기도 하고, 모임에 그만 나오려고까지 생각하기도 했습니다. 사실 어쩔 수 없는 부분이지만, 한편으로는 지언스러운 현상이기도 합니다. 그러나 이것이 과연 올바른 태도인지 생각해 보아야 합니다.

사실 진리를 계속 알아 가다 보면, 구원받은 성도로서 우리가 예수님으로 말미암아 하나의 공동체가 되었다는 사실에 감사하며 함께 기쁨을 누려야 할 텐데, 그보다는 내가 옳다는 것을 인정받고 내 방식을 강요하려는 마음으로 치우치기가 쉬운 것 같습니다. 저는 서로 다른 부분이 있다면 과연 누구의 말이 성경적인지를 면밀히 검토하면서 동시에 서로 존중하는 태도로 토론하도록 연습해야 한다고 생각합니다. 싸워서 이기기 위한 토론이 아니기 때문입니다.

한 가지 더 언급하겠습니다. 만일 누군가가 '장로교회'를 다니고 있는데도 끝까지 장로교에서 가르치는 바와 다른 의견을 표명한다면, 그러한 태도를 어떻게 받아들여야 할까요? 성인으로서 자신이 결정하여 다니는 교회의 교리를 따르지 않는 것은 정상적인 태도가 아닙니다. 교회가 말하는 바를 자세히 배워 자신의 생각을 고쳐 나가는 것이 옳습니다. 만일 자신이 다니는 교회가 장로교회가 아니라면, 공부를 시작하기 전에 자신이 다니는 교회의 교리와 장로교회의 교리인 소요리문답이 역사적으로 서로 어떻게 다른지를 어느 정도 파악하고 나서 공부를 시작하는 것이 좋습니다.

차이점이 좀 있긴 하지만, 사실 소요리문답은 개신교인이라면 대부분이 동의할 수 있는 내용으로 채워져 있습니다. 더구나 한국 교회에는 다양한 교파가 있지만, 현실적으로 많은 사람들은 그 교파가 표명하는 교리와는 아무런 상관 없이 교회를 선택해 다니곤 합니다. 그러하기에 교파가 다르다고 해서 함께 교리를 공부할 수 없는 것은 아닙니다. 물론 초

늦은 밤 아이를 안고 업고 교리를 공부하는 초교파 모임

교파적 구성원이 모이는 경우라면, 서로 배려하는 지혜가 많이 필요할 것입니다.

나의 교만함을 회개하며

마지막으로 전하고 싶은 이야기가 있습니다. 몇 년 동안 교리를 공부하면서 많은 것을 새롭게 깨달았는데, 그중에서 가장 마음 아팠던 일을 나누고 싶습니다. 저로서는 깊이 회개해야 할 문제입니다. 성경을 배우고 가르치는 일에 전념하면서부터, 제가 머리로는 늘 교회를 섬기고 있다고 생각했지만 실상 교회를 얕보고 있었다는 사실을 깨달았습니다. 몹시 부끄러웠습니다.

저는 꺼져 가는 촛불처럼 연약한 교회, 살짝 손대기만 해도 꺾여 버릴 듯 상한 갈대와도 같은 교회를 손바닥에 올려놓고 평가하고 있었습니다. "이게 정상인데 현실은 왜 이 모양인 거야!" 하고 말입니다. 더 심각한 것은, 제가 교회 구성원인 성도들의 삶까지도 쉽게 판단하고 평가했다는 것입니다. 육중한 삶의 무게를 견뎌 내며 어렵게 신앙생활을 하면서도 교회를 지켜 낸 분들을 너무나 쉽게 판단해 버린 것입니다.

교리를 통해 하나님을 알아 갈수록, 저는 제 자신부터가 교회에 대해 잘못 이해함으로써 죄를 더하고 있다는 것을 깨달았습니다. 그리고 그와 반대로 하나님께서 교회를 얼마나 사랑하시는지, 어떻게 붙들고 계시는지를 조금이나마 알게 되었습니다. 그제야 비로소 교회를 이루고 있는 그리스도인들이 보이기 시작했습니다. 그리고 교리를 공부하면서 그들에게 이것이 답이라며 마구 들이대던 제 모습이 얼마나 '밥맛'이었을지를 깨닫게 되었습니다.

그제야 그들의 삶의 무게가 보이고, 그들을 인정하며 존중하게 되었습니다. 하나님이 사랑하시는 자들을 존경하는 마음이 생겼습니다. 이제 조금 이해가 됩니다. 하나님이라는 분이, 그분이 사랑하시는 교회가, 그리고 성도들의 삶의 무게와 실제가 말입니다. 그래서 하나님의 은혜를 더욱 간절히 구할 수밖에 없다는 것을 말입니다. 교리를 공부함으로써 하나님이 사랑하시는 자들의 모임인 교회를 더욱 사모하고 기대하게 되었으며, 교회를 위해 더욱 기도하게 되었습니다. 이 교리 공부가 자신만의 지적 유익이나 고품격화를 위한 것이 아니라 교회 공동체가 함께 누려야 할, 아니 함께해야만 알 수 있는 놀랍고도 풍성한 복이라는 사실을 깨닫게 되어 감사합니다.

디딤돌
소요리문답 공부가 끝날 때 확인해야 할 것

1. 소요리문답의 구조를 전체적으로 익혔는가?

교리를 부분적으로는 알지만 전체적인 구조 안에서는 설명하지 못하는 경우들을 많이 보았습니다. 그래서 전체 그림이 중요합니다. 1-107문 전체를 1분에 설명하기도 하고, 3분에 설명하기도 하고, 5분, 10분, 30분, 1시간에도 설명할 수 있도록, 계속해서 마인드맵을 그려 보아야 합니다. 한 사람씩 나와서 직접 설명해 보는 방식으로 연습하는 것도 매우 유익합니다. 이렇게 구조를 익혀 두지 않으면, 대부분 얼마 지나지 않아 내가 무엇을 배웠는지 잊어버리고 맙니다.

2. 성경을 더 사랑하게 되었는가?

제가 가장 감격했던 순간은, 공부를 전부 마치고 참석자 모두가 자신의 신앙고백서를 써 와서 읽는 날이었습니다. 처음에는 교리의 '교'자도 몰랐던 사람들이 함께 모여 공부하고 나서 내놓은 신앙고백은 훌륭했습니다. 모든 사람에게 '이것이 공동체의 신앙고백이구나' 하는 생각이 있었습니다. 그중 으뜸은 '이제는 성경이 너무나 궁금하다'라는 고백이었습니다. 감동이었습니다.

뿐만 아닙니다. 어느 날은 너무 공부만 하니 교제와 나눔이 부족하다 싶어 아예 1박 2일로 날을 잡아 놀고 먹으면서 이야기를 나누기로 하였습니다. 그런데 누가 시키지도 않았는데 우리의 대화는 자연스럽게 성경으로 흘렀고, 한 명 두 명 자신의 가방에서 성경을 꺼내 펼치는 것이었습니다. 성경이 뭐라고 말하는지를 살피는 우리의 모습을 보면서, 이것이 기적이 아닐까 하고 생각했습니다. '그 책의 사람들'이라 불리던 우리의 신앙 선배들이 이런 모습이 아니었을까 생각했습니다.

교리 공부를 마치고 나서, 다음과 같은 질문으로 자신을 꼭 점검해 보십시오. '내가 공부하기 전보다 지금 성경을 더 사랑하게 되었는가?' 이것은 정말 중요한 질문입니다.

더 나누고픈 이야기

나의 신앙고백서

* 이 글은 전병모 간사님과 함께하는 교리 공부 과정을 마친 한 참석자가 마지막 날 직접 손으로 작성한 신앙고백서입니다. 교리의 '교'자도 몰랐다던 이분의 신앙고백서가 마음을 두드립니다.

나는 살아 계시고, 참되신 아버지, 삼위일체의 하나님을 믿습니다.
그는 지혜와 권능, 거룩과 공의, 은혜와 사랑이 무한 영원 불변 하시며,
참되고 유익하신 나의 구주입니다.

나는 전능하신 하나님의 작정과 창조와 섭리를 믿으며,
나를 향한 언약의 특별한 섭리 앞에 엎드립니다.
나의 시작은 죄와 불순종, 타락의 비참함이었으나
은혜의 구속에 따라 칭의, 양자 됨, 성화의 유익을 받았습니다.
이 모든 것은 하나님의 값없는 은혜이며,
이제 나의 삶의 목적은 하나님을 영화로이 하며
그를 즐거워하는 것입니다.

나는 마음을 다하고 성품을 다하여
하나님과 이웃을 사랑하는 데 힘쓰겠습니다.
그것이 하나님을 하나님답게 경배하는 나의 삶의 순종이기 때문입니다.

이제 나는 하나님의 사랑 안에 유영하면서
사랑, 희락, 화평, 양선, 충성, 절제, 온유, 인내, 자비의 열매를
삶으로 맺어 갈 것을 기대하고 신뢰합니다.

다소 느려도, 가끔은 흔들려도,
주님을 더욱 의지하고 담대히 나아갈 것은,
나의 주님은
도우실 수 있고 도울 준비를 마치신,
나의 아버지이시기 때문입니다.

나는 그리스도의 규례에 따라
말씀 읽기를 즐거워하고, 범사에 기도로 주의 뜻을 구하고 아뢰며,
성결한 예식에 거룩히 참여하겠습니다.

이제 나는 주의 은혜 안에 머물고 하늘을 소망하며 살기를 원합니다.
나의 주님, 당신은 참으로 선하시고 신실하십니다.
아멘.

더 생각해 보기

소요리문답을 넘어 대요리문답으로: 삶의 실천적 원리를 제시하는 대요리문답

한국 교회는 단순한 것만 찾고 쉬운 것만 좋아합니다. 이제 그런 풍조를 버려야 합니다. 갑자기 이렇게 부정적으로 글을 시작하는 것은, 얼마 전에 열린 세미나에서 어떤 사람과 나눈 대화 때문입니다. 그분은 3주 후에 목사 안수를 받는데, 저녁 때 세미나에 대한 소감을 말하는 자리에서, 지금까지 웨스트민스터 신앙고백서나 대·소요리문답을 배워 본 적이 단 한 번도 없고, 배워야 한다는 말을 들은 적도 없다고 고백했습니다. 매우 황당스러워서 물었습니다. "헌법에 신조가 나오지 않나요? 목사 안수를 받을 때 시험도 보는 것으로 아는데요."

그런데 이어지는 대화를 통해 그분이 말하는 것이 어떤 상황인지가 정리되었습니다. 많은 신학생이 신조라고 하면 으레 장로교 헌법에 나오는 '12신조'를 떠올리고, 그것으로 충분하다고 알고 있다고 합니다. 12신조도 좋은 것입니다. 그렇지만 그것이 전부인 줄 안다면, 웨스트민스터 신앙고백서나 대·소요리문답에 대한 인식이나 관심은 약해질 수밖에 없습니다. 역설적이게도 12신조가 오늘날 장로교회의 정체성을 확인하는 데 일종의 걸림돌로 작용하는 셈입니다.

한국 교회에서 소요리문답을 가르치는 경우는 있어도 '대요리문답'을 교육하는 교회는 무척 드문 듯합니다. 대요리문답은 성인에게 충분히 가르칠 만한 문답입니다. 언제까지 초신자와 어린아이를 위해 만들어진 소요리문답만 배우겠습니까! 교회의 전통을 소중히 여기고 성경적 진리가 순수하게 보존되기를 원한다면, 반드시 대요리문답을 가르쳐야 합니다.

'소요리문답만으로도 충분하지 않은가?'라는 의견이 있을 수 있습니다. 물론 지금 형편에는 그것이라도 가르쳐야 합니다. 그러나 준비는 해야 합니다. 소요리문답과 대요리문답은 단순히 '분량'과 '난이도'가 다른 것이 아니라, 그 목적부터가 다른 문서입니다. 질문 자체가 '그 질문을 해야만 하는 이유'였고, 또한 그 답변이 '그 질문에 그렇게 답해야만 하는 이유'였습니다. 대요리문답은 어른 성도 및 목회자 후보생들에게, 그 인생의 다양한 적용점을 두고 실천적 명제를 던집니다. 그리고 거기에서 생겨나는 여러 의문점이나 쟁점을 바탕으로 성도들이 살아가는 실천적 원리들을 성경에서 이끌어 내 구체적으로 제시합니다. 이런 점에서 소요리문답과는 완전히 다른 문서입니다.

개인적으로 청년들과 함께 대요리문답을 2년간 공부한 적이 있었는데, 그 유익은 뭐라고 표현하기 힘들 정도로 컸습니다. 그때 함께 공부했던 청년들은 그런 교육이 또 이루어질 수 있다면, 그것을 위해 필요한 일이 있다면, 어떻게든 무엇이든 헌신하겠다고 약속했고, 실제로 지금 그들은 이 일에 헌신하고 있습니다. 바라건대, 한국 교회가, 특히 장로교회가 그 지평을 넓혀 소요리문답을 넘어 대요리문답 교육으로 나아가기를 소망합니다.

100년 전, 우리 선조들은 선교사로부터 성경과 함께 신앙고백서와 교리문답을 선물로 받았습니다. 그 덕분에 한국 교회는 비교적 빨리 신앙의 기틀을 잡았습니다. 오늘날 한국은 미국 다음으로 선교사를 많이 파송하는 나라가 되었지만, 과거에 우리가 받아 유익을 누렸던 선물을, 정작 다른 나라에 제대로 소개하고 있는지 의문입니다. 필자는 가족과 함께 중국에 건너가 5년간 현지인과 한인을 대상으로 학교, 교회, 문화센터 사역을 하였습니다. 교리교육과 관련하여 해외 선교지의 특수성을 고민하는 필자의 생각을 함께 나누어 봅시다.

저는 이 시점에서 한국 교회가 해야 할 일이 더 있다고 봅니다
……좋은 교리교육서를 번역하여 보급하고,
지도자들에게 교리교육의 중요성을 일깨워 주어야 합니다.
모든 이들에게 개신교의 정통 신앙고백과 교리를 가르쳐,
물리적으로 떨어져 있더라도
동일한 신앙고백 아래 성경을 가르치도록 해야 합니다.
……하나님 나라를 세워 가는 동역자로서 힘을 모아야 합니다.

05
선교지 중국, 교리교육이 필요합니다

변현석 |

　지금 중국은 세계 최강대국을 꿈꾸며 성장하고 있습니다. 저는 작년 말, 전에 3년간 살았던 중소 도시로 다시 돌아왔습니다. 그런데 몇 년 만에 돌아와 보니 그곳은 완전히 다른 도시가 되어 있었습니다. 최근 영국 일간 텔레그래프의 보도에 따르면, 2030년에는 중국의 기독교 인구가 2억 4천 700만 명에 달할 것으로 예상되며, 중국이 세계에서 기독교인이 가장 많은 나라가 된다고 합니다. 그러나 성장하는 만큼 어려움도 있고, 감추어져 있던 문제점도 드러납니다. 성장하는 교회에는 무엇보다 견고한 신앙의 기초가 필요한데, 성장의 속도에 주로 관심을 두다 보니 성장의 방향을 놓칠 때가 많습니다. 사실 워낙 넓은 나라인 까닭에 지역마다 상황이 다르고, 개인의 경험도 다르겠지만, 제가 보고 느낀 것을 중심으로 교리교육이 절실히 필요한 중국의 상황에 대해 나누고자 합니다.

수많은 이단과 현지 정부의 통제

이곳에서는 "동방번개" 또는 "전능신교"로 알려진 이단 외에도 수많은 크고 작은 이단들이 발생하여 활동하고 있습니다. 이곳의 교회는 크게 정부의 허가를 받은 교회(삼자교회)와 받지 않은 교회로 나뉩니다. 정부의 허가를 받은 교회는 지정된 장소에서 자유롭게 예배할 수 있지만, 무신론 정부의 통제 아래 있다 보니 주요 교리를 마음대로 전파할 수 없습니다. 정부에서 허가한 소수의 신학교를 졸업한 목회자는 개인별로 신학과 신앙과 역량의 차이가 큽니다. 일부 사역자들은 매우 신실한 복음주의자이지만, 또 다른 일부 사역자들은 목회자이기보다는 정부 요원에 가깝습니다.

반면, 통제를 피하여 자유로운 신앙을 꿈꾸며 모이는 교회들을 "가정교회" 또는 "지하교회"라고 부릅니다. 이들은 지속적인 감시와 핍박을 당합니다. 전체 기독교인의 3/4 이상이 가정교회 소속입니다. 한국 교회의 선교도 주로 이들과 관계되어 있습니다. 문제는 정식으로 신학을 배운 목회자가 매우 부족하다 보니 정통 교리를 가르치기가 어렵고, 자연스레 이단에 매우 취약하다는 것입니다.

현지 가정교회들은 대체로 한국이나 기타 외국의 후원 단체의 성향을 따라갑니다. 주로 담당 교역자가 영향을 받은 신학과 신앙을 따라가게 마련입니다. 그래서 어떤 교리들은 아예 언급되지 않기도 합니다. 한편 삼자교회는 아예 기독교의 핵심 교리를 전하는 데 통제를 받습니다. 물론 삼자교회 안에도 신실한 사역자들과 성도들이 많이 있으며, 진리를 사수하고자 애씁니다. 그러나 성경의 관점과 국가의 견해가 충돌하는 부분들에 대해서는 목소리를 높이기가 어렵습니다.

이곳의 한인 교회는 주로 초교파적 성격을 띱니다. 물론 소속 교단이 분명한 교회들도 있지만, 그들조차도 교리를 다루기를 꺼려합니다. 이것은 아무래도 당장의 외적 성장을 추구하는 선택에서 비롯된 문제로 보입니다. 물론 외적 성장도 필요합니다. 현지의 특성을 고려하는 것도 중요합니다. 그러나 보편적이고도 기본적인 신앙고백과 교리에 대해서, 우리가 무엇을 믿어야 할지에 대해 명확히 가르쳐야 합니다.

피상적인 교육 프로그램으로는 현지 정착 어려워

이곳에서는 한국처럼 장기적인 교육 목표나 계획을 세워 진행하기가 어렵습니다. 중국의 현지학교에서는 유치원 때부터 필수적으로 유물론적 사고를 주입시킵니다. 현지에 국제학교가 없어서 자녀를 현지학교에 보내야 할 경우에는 이런 점 때문에 어려워합니다. 법적으로 미성년자에게는 종교를 권할 수 없습니다. '종교를 가지지 않을 자유'를 지켜 준다는 이유에서입니다. 일부 교회의 경우에는 부모를 따라 교회에 온 아이들을 위해 모임을 진행하기도 합니다만, 가르치는 내용이 매우 빈약합니다. 기본적인 교리교육 자료를 더 많이 준비하여 보급하고 가르치는 일이 필요합니다.

한인 2세들과 교포 자녀, 국제결혼 자녀 등의 경우에는 또 다른 문제가 있습니다. 언어와 정체성의 문제입니다. 한인 교회에서 아이들을 가르치면서 그런 점을 느꼈습니다. 한 교회 안에 매우 다양하고 복잡하며, 때로는 민감한 국적, 민족, 태생의 아이들이 뒤섞여 있습니다. 때로는 설교할 때 사용하는 단어나 예화도 조심스럽습니다. 그들의 연합을 위해 좋은 신앙교육이 필요한데, 현재 교회의 상황에서는 별다른 해결 방안이 없습니다. 저는 그들이 서로 어울리고 신앙적으로 성장하는 좋은 방법이 하나의 교리를 함께 배우는 것이라고 믿습니다. 하나의 신앙고백 안에서 함께하는 것이 그들을 도와 하나의 교회 공동체를 세워 나가는 올바른 방법이라고 믿습니다.

선교지에서 가장 필요한 것은 올바른 신앙교육!

이제 이 나라의 교회들은 본격적으로 스스로 세워져 나가고 있으며, 선교하는 교회가 되고 있습니다. 그동안 한국 교회는 중국에서 선교하면서 교회 부흥과 성장 프로그램을 전파했습니다. 선교 전문가들은 이제 중국을 선교하는 데 한국 교회의 역할이 거의 끝났다고 이야기합니다. 그러나 저는 이 시점에서 한국 교회가 해야 할 일이 더 있다고 봅니다.

그곳의 유능한 인재를 한국으로 데려와 한국의 정규 신학 과정을 이수하게 한 후에 본국으로 돌려보내 사역하게 하는 동시에, 이미 진행되고 있는 현지의 신학 수업 과정을 매우 엄격히 관리해야 합니다. 좋은 교리교육서를 번역하여 보급하고, 지도자들에게 교리교육의 중요성을 일깨워 주어야 합니다. 모든 이들에게 개신교의 정통 신앙고백과 교리를 가르쳐, 물리적으로 떨어져 있더라도 동일한 신앙고백 아래 성경을 가르치도록 해야 합니다. 특히 지금의 시점에서 바른 신앙을 세우는 데 교리교육이 반드시 필요합니다. 하나님 나라를 세워 가는 동역자로서 힘을 모아야 합니다.

아울러 중국은 기독교 도서 반입을 제한합니다. 교리 관련 서적은 반입하기가 더욱 어렵습니다. 이에 대한 대책도 필요할 것입니다. 또한 다양한 연령대가 볼 수 있고 다양한 언어로 쉽게 설명된 좋은 교리 학습서와 해설서도 필요합니다. 이 일에 함께 마음을 모아 주십시오!

[워크북]

여기까지 오시느라 수고 많으셨습니다. 다른 사람들의 경험과 사례를 읽는 것만으로는 내 것이 되기 어렵습니다. 지금까지 읽은 것을 여러분의 것으로 만들기 위해서는 곰곰이 되새기고 곱씹는 시간이 필요합니다. 다음의 질문에 답하면서 읽은 내용을 정리해 보세요. 혼자 해도 좋고, 동료 교사나 팀원들과 함께 생각을 나누어도 좋습니다.

1. 이 책에서 가장 공감하는 사례는 무엇입니까? 그리고 가장 도움이 되는 사례는 무엇입니까?

2. 해당 사례에서 성공 원인은 무엇이었습니까? 또는 실패 원인은 무엇이었습니까?

3. 당신이 교리교육을 시도할 때, 예상되는 어려움을 적어 보십시오.

4. 당신이 가르치는 일을 하게 된 이유는 무엇입니까? 솔직하게 답해 보십시오.

5. 가르치는 일을 하면서 가장 보람있었던 적은 언제입니까?

6. 가장 힘들었던 적은 언제입니까? 당신을 지치게 했던 요인들은 무엇입니까?

7. 주위에, 또는 내가 알고 있는 사람들 중에 존경할 만한 교사가 있습니까? 어떤 점에서 그렇게 생각합니까?

8. 그 사람이라면 당신에게 닥친(또는 예상되는) 어려움을 어떻게 극복했을지 적어 보십시오.

9. 교리교육을 잘하기 위해 지금 당신이 할 수 있는 일들이 무엇인지 적어 보십시오.

part. 3

덧붙이는 이야기

01 더 나은 교리교육을 위한 교사회의 워크북 _정설
02 교리교육에 대해 자주 하는 질문과 답변 _황희상

01
더 나은 교리교육을 위한 교사회의 워크북

정설

교사회의 재정비하기

전통적인 개신교 교회는 개인에게 모든 결정을 맡기지 않습니다. 사람들의 지혜를 모아 결정해 나가는 데 훨씬 큰 가치와 권위를 둡니다. 한 사람의 리더십보다는 교회의 회의를 항상 중요하게 여깁니다. 혼자서는 틀릴 수 있습니다. 그러하기에 우리는 시간을 내고 지혜를 모아 회의하여 결정해야 합니다. 그리고 성경에 비추어 보아 하나님 뜻에 합당하다면 그 결정에 순종해야 합니다. 이것이 정말 겸손한 자세입니다. 혼자보다 함께해 나가는 것, 짐을 서로 나누어 지고, 서로 떨어져 있어도 공통의 사명을 염두에 두고서 한마음으로 푯대를 향해 움직이는 모습은 참으로 아름답습니다. 교리교육 역시 교역자와 교사가 함께하는 '회의'의 결정으로 이루어집니다. '교사회의'가 제대로 이루어지면, 교육도 힘을 받아 자연히 잘 이루어질 것입니다.

우리의 교사회의가 지금 어떤지 돌아볼 필요가 있습니다. 교사회의를 통해 '교육 방식'과 '교육 내용'에 더욱 집중할 수 있게 되면 좋겠지만, 실상 지금은 교사회의를 통해 어떻게 교육할지를 충분히 논의하는 것 자체가 어려워졌습니다. 프로그램들이 방만해졌거나 안건들의 우선순위가 뒤섞여 버렸기 때문입니다. 따라서 교사회의가 중구난방으로 이루어지지 않도록 재정비해야 합니다. 여러분의 교사회의록은 어떤 안건들로 가득 채워지고 있습니까? 다음에 제시하는 워크북을 통해, 교사회의에서 선택하고 집중해야 할 것들이 무엇인지를 함께 찾아가 봅시다.

교사회의, 지금까지 어떻게 하고 있었나?

1) 교사회의 되돌아보기

교리교육을 효과적으로 개선하기 위해서는 준비 단계부터 개선하고 제대로 준비해야 할 것입니다. 이를 위해, 먼저 교사회의나 교사 모임이 어떻게 이루어지고 있는지, 그 경향성이나 유형을 살펴보는 것이 의미 있을 듯합니다.

교사회의에서 다루는 주제들, 회의를 통해 이루어진 일들을 떠올려 봅시다. 브레인스토밍(brainstorming)을 통해 여러 교사들이 함께 메모지에 의견을 적어서 제출하는 것도 재미있습니다(브레인스토밍 회의를 할 때는 상대방의 의견을 제한하지 마십시오. 또한 규칙에 대해 미리 숙지해 두면 좋습니다).

기존의 교사회의록들을 준비하여 그동안 회의에서 다루었던 안건들을 핵심어(key word)로 요약해 적어 보는 것도 좋겠습니다.

[워크북 : 했던 일 적기]

메모지에 교사회의에서 다루었던 안건들을 자유롭게 적어 보세요.

2) 교사회의, 가치 있는 일에 시간 쏟기

교사회의에서 다루었던 안건이나 주제들을 적은 것을 정리해 봅시다. 중요성(가치)과 시급성(시간)이라는 두 가지를 기준으로, 기존의 안건들이 어디에 해당하는지 배치해 보십시오.

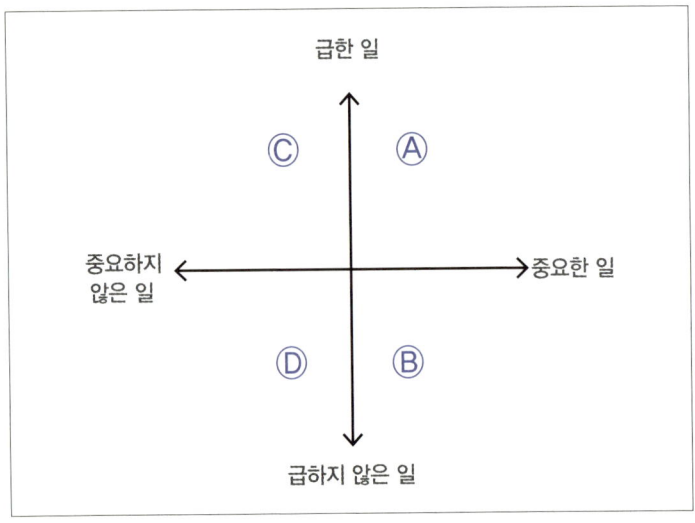

우리가 집중하고자 하는 '교육 방식과 전달' 등에 대한 주제는 '중요하지만 급하지 않은(B)' 일에 해당합니다. 사람들은 보통 중요하고 급한 일(A), 중요하지 않지만 급한 일(C)에 매달리게 마련입니다. 하지만 교사회의에서만큼은 중요하고 급하지 않은 일, 당장의 효과는 적지만 교육 목적에 부합하고 가치가 큰 일(B)을 많이 다루어야 할 것입니다. A부터 하되, B에 가장 많은 시간과 정성을 들이고, C는 자투리 시간을 활용하거나 개인에게 맡기고, D는 하지 맙시다!

이런 작업은 혼자 하는 것보다 교사들과 함께 진행하는 것이 매우 의미 있습니다. 한두 번 해 보면, 교사들 모두가 공통적으로 문제를 인식할 수 있으며, 어떤 문제가 발생할 때에도 재빨리 해결 방안과 대안을 찾는 데 집중할 수 있을 것입니다. 한두 사람의 힘으로 움직이는 모임보다는, 교사들 전체의 역량과 은사를 조화롭게 사용할 수 있는 모임이 이상적이기 때문입니다.

[워크북 : 했던 일 정리하기]

자, 교사회의에서 다루었던 안건들은 주로 어느 사분면에 집중되어 있습니까? 정리된 결과가 우리의 현실입니다. 교육이 이대로 계속 진행된다면 어떤 결과로 흘러가게 될지 생각해 보십시오.

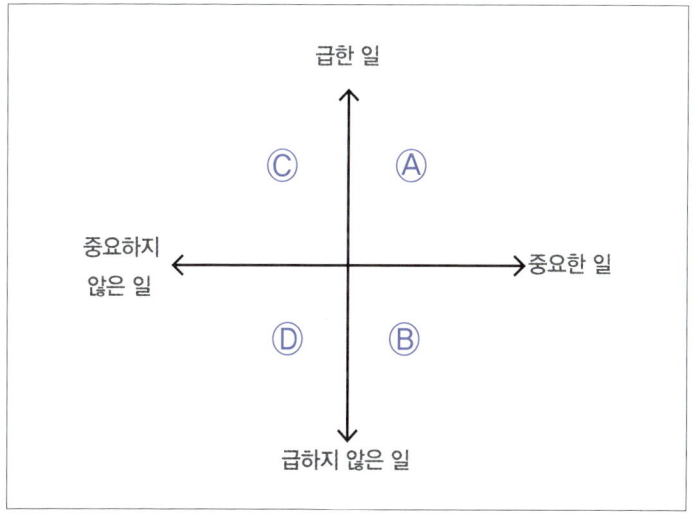

이런 방식으로 다음의 주제를 다루어 보는 것도 좋을 듯합니다.

• 교육용 예산이 어떻게 사용되었는지 점검하기

교육의 질을 높이는 일에 많이 투자할 수 있도록 예산을 짜는 데 도움이 될 것입니다.

• 교육 시간을 활용하는 방식이나 유형 점검하기

학생들이 사용하는 공과 시간이나, 수련회와 사경회나 레크리에이션 등의 단기 프로그램에 사용되는 시간을 각각 더해 보고, 시간이 주로 어떻게 사용되는지 확인해 보십시오. 교육에 할애하는 시간은 한정되어 있습니다. 그 시간을 목적에 맞게 효과적으로 사용할 수 있도록 개선하는 데 도움이 될 것입니다.

교사회의, 앞으로 어떻게 할 것인가?

1) 이상적인 교리교육 꿈꾸기

앞서 우리는 교리교육의 현실에 대해 살펴보았습니다. 설령 우리의 현실이 교육 목적에서 많이 벗어나 있다 하더라도 절망할 필요는 없습니다. 지금부터 시작하면 됩니다. 앞으로 어떻게 할지에 초점을 맞추면 됩니다.

이번에는 방금 보았던 것과 똑같은 방법으로 앞으로 해야 할 일을 그려 나가 봅시다. 교리교육을 잘하기 위해 교사로서 해야 할 일들이 무엇인지, 하고 싶은 일들을 떠올려 보십시오. 지금까지 한 번도 시도해 보지 않았던 것들이라 하더라도 적어 보십시오. 해야 할 일이 생각났다면, 그것을 위해 무엇을 해야 할지, 생각을 잘게 쪼개 보십시오. 예를 들어, '교사 역량 계발하기'라는 의견이 나왔다면, 이를 위해 외부 세미나 참석이나 강사 초빙 세미나 개최, 도서상품권, 독서 모임 지원 등 교사들에게 필요한 교육 지원 방안들이 덧붙여질 수 있습니다.

[워크북 : 할 일 적기]

앞의 사분면에서 B에 해당하는 안건들을 실현하기 위해 할 일들을 포스트잇에 적어 보세요.

2) 이상적인 교리교육을 위해 우리가 할 일

이제 정리해 봅시다. 사분면에 배치했던 할 일이나 의견을 과녁판에 놓아 봅시다. 가장 중요한 것을 한가운데 놓습니다.

생각을 정리할 때에는 늘 교육 목적을 염두에 두어야 합니다. '교리교육의 질 높이기' 또는 '교리의 체계를 잡는 동시에 교리를 자연스럽고도 친근하게 받아들일 수 있는 환경 만들기' 등의 목적을 되새기면서, 이를 위해 교사들이 할 일들을 정리해 나가는 것입니다.

할 일이나 의견을 적은 쪽지를 유리벽이나 전지에 붙일 수도 있고, 컴퓨터를 활용할 수도 있습니다. 파워포인트와 같은 프로그램을 실행하여 각각의 의견들을 입력하면서 그 화면을 빔프로젝터로 보여 주면, 효과적으로 생각을 모을 수 있습니다(개인적으로 '리브레오피스'라는 프로그램을 추천합니다. http://ko.libreoffice.org/).

[워크북 : 할 일 정리하기]

이제 분류된 의견들을 먼저 살펴봅시다. 이것을 실현하기 위해 어떤 것들을 준비해야 할지 논의해 보십시오. 이런 식으로 계속 논의하다 보면, '교육' 하나만 놓고도 앞으로 해야 할 일들이 정말 많다는 것을 느낄 수 있습니다. 실행 단계에서는 절차를 정하고 질서 있게 일을 진행하는 것이 가장 좋습니다. 목적과 목표가 분명하고 절차대로 일이 진행된다면, 구성원이나 리더가 바뀌더라도 전체가 흔들리지 않고 걸어갈 수 있기 때문입니다.

또한 우리가 그 일들을 해 나갈 때 그 결과를 그려 보면서 자주 이야기 나누는 것이 중요합니다. 함께 하나님의 뜻에 맞는 꿈을 꾸고, 함께 하나님께 구해야 합니다. 동료 교사들이 든든한 동역자가 될 것입니다. 이런 작업을 통해 비로소 가슴 뛰는 교리교육이 시작됩니다. 교사의 가슴이 뛴다면, 아이들도 달라질 것입니다.

285쪽의 포스트잇을 보면서 가장 중요한 것이 무엇인지 상의하고, 과녁판에 배치해 보세요.

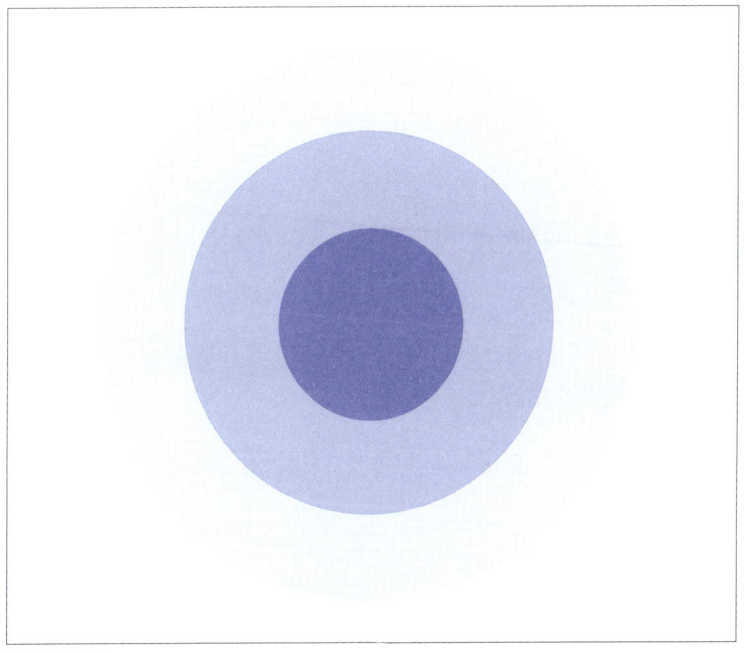

자, 다 정리되었다면 과녁판을 뚫어지게 바라보세요. 그리고 가장 중요한 일에 집중했을 때 달라질 변화를 상상해 보세요. 두근두근, 가슴이 뛰십니까?

[제안] 기록하고 공유하고 활용하기

　기록이 있다면, 반성도, 개선도, 협력도, 계승도 수월해집니다. 교리교육을 잘하는 데도 기록 정신과 기록 문화가 필요합니다. 기록한 것을 잘 정리하고, 잘 공유하고, 잘 활용해야 합니다. 이것은 어쩌면 너무나 당연한 이야기라서 더욱 실천하기 어려운지도 모릅니다.

1. 온라인 교사회의록

　500년 후에 누군가가 한국 교회의 교육에 대해 연구한다고 상상해 보았습니다. 저라면 교사들의 회의록을 먼저 찾아서 분석할 것 같습니다. 회의록만 보면, 교회교육을 위한 교사들의 마음가짐이 어떠했는지, 교육이 실제로 어떻게 이루어졌는지를 가늠할 수 있기 때문입니다. 교사회의록과 모임에 대한 기록은, 신앙의 후배들에게 물려줄 좋은 유산이 될 것입니다.

　회의 내용을 잘 기록하는 것도 중요하지만, 잘 공유하는 것도 필요합니다. 종이 기록 외에도 회의 내용을 포털 사이트의 그룹 게시판에 올려 교사들과 공유하면, 회의가 끝난 이후에도 내용을 숙지하기에 매우 좋습니다. 구글 드라이브(http://drive.google.com) 등의 온라인 문서로 공유하는 것도 좋은 방법입니다. 그렇게 하면, 불가피하게 회의에 참석하지 못한 사람들에게도 빠짐없이 회의 내용을 알리는 데 도움이 되며, 수시로 의견과 마음을 모을 수 있습니다.

구글드라이브 – 온라인 상에서 문서를 만들어 여러 사람과 공동으로 작업하거나 열람할 수 있습니다

    안건에 대해 이해하지 못한 채 회의 시간에 곧바로 의견을 내기란 쉽지 않습니다. 회의 참석자가 회의에 대해 준비되어 있지 않으면, 자신의 의견을 내는 것이 쉽지 않습니다. 그런 경우, 대부분 안건에 대한 자기의 생각을 자신 있게 말하지 못하거나 침묵하게 됩니다. 그러다 보면 회의를 진행하면서 마음을 모으기는커녕, 적은 수의 사람에게 끌려가는 결과를 낳고 맙니다. 그러므로 안건에 대해 설명하는 시간도 줄이고 참여자가 준비된 의견을 낼 수 있도록 회의를 미리 준비할 수 있어야 합니다. 지난 회의록과 회의의 안건을 온라인으로 미리 볼 수 있다면, 회의를 좀 더 알차게 진행할 수 있을 것입니다.

    예를 들어, 수련회 장소나 비용, 메뉴 선정 문제 등은 교사회의에서 반복하여 다뤄지는 주제입니다. 이런 문제를 다룰 때, 매년 처음부터 다시 논의를 시작하는 것은 매우 소모적인 일입니다. 작년의 일을 다시금 떠올려 참고하면 수월합니다. 기록을 잘 활용하여, 이전에 논의되고 결정

되었던 사항을 교사들과 미리 공유할 수 있다면, 기존의 결정을 그대로 적용하거나 조금 더 보완해 적용하는 등, 결정하기가 쉬워질 것입니다.

모임 시간은 제한되어 있습니다. 이 귀중한 시간을 더 중요한 일에 쓰기 위해 지혜를 구하고 실천하는 일이 필요합니다.

2. 아이들의 성장 기록 물려주기

교리를 배우고 나서는 감사로 마무리하는 것이 좋습니다. 단원별, 또는 분기별이나 연말에 학생들의 후기를 받아 그것을 파일이나 사진으로 기록해 둡시다. 연말에 학생들의 생각과 다짐을 담은 후기를 모아 편집하여, 훌륭한 신앙고백서가 담긴 한 권의 책자를 만들 수도 있습니다. 그것을 통해 아이들은 1년 동안 자신이 얼마나 자랐는지를 돌아보고, 성취감도 느낄 수 있습니다. 교사가 바뀌더라도, 다음 교사가 그러한 학습 결과물과 교사의 피드백을 열람할 수 있다면, 짧은 시간에 학생을 파악할 수 있고, 아이들의 필요를 채워 주는 데도 도움이 될 것입니다. 기록이 남아 있고 그것이 잘 활용되는 체계와 문화를 만든다면, 교역자가 바뀌어도, 교사가 바뀌어도, 교회교육의 질은 계속 좋아질 것입니다.

02
교리교육에 대해 자주 하는 질문과 답변

황 희 상 |

"교리교육"에 대한 강의를 하러 다니면서 가장 많이 듣는 질문들을 정리하고 거기에 답변하고자 합니다.

Q1 요리문답이 무엇입니까? 소요리문답은 무엇이고, 대요리문답은 무엇입니까?

A 중'요'한 교'리'를 가르치기 위해 그것을 문답의 형식으로 만든 것이 '요리문답'입니다. '소'와 '대'는 분량을 말합니다. 소요리문답은 '작을 소(小)'를 써서 짧은 요리문답을 말하고, 대요리문답은 '클 대(大)'를 써서 긴 요리문답을 말합니다. 여기에는 분량의 차이도 있지만, 난이도의 차이도 있습니다. 소요리문답은 초신자와 어린이를 대상으로 하고, 대요리문답은 성인과 직분자(목사, 장로, 집사)를 대상으로 합니다.

Q2 오늘날 한국 교회에서 교리교육이 필요한 이유가 무엇입니까?

A 사실 왜 필요하냐는 질문은 그 자체로 굉장히 이상한 질문이라 할 수 있습니다. 오히려 본래 마땅히 했어야 하는 일인데 지난 수십 년간 하지 못했던 것이지요. 더더욱 지금은 이단의 공격이 거셀 뿐만 아니라 세상이 교회와 기독교를 향하여 '무개념'이라고 손가락질하고 있습니다. 기분이 나쁘지만, 반박할 수가 없습니다. 무(無)교리주의로 자라난 성도들은 무(無)개념이 될 수밖에 없습니다. 지금이라도 교리를 가르쳐야 기독교가 자기 정체성을 잃지 않고 계속 존재할 수 있을 것입니다.

Q3 신천지 등의 이단 사상에 빠지게 될 위험성에 대해, 교회는 어떻게 대처해야 할까요?

A 대처 방안은 단 하나, 제대로 된 교리교육뿐입니다. 제대로 된 교리교육을 하는 가장 좋은 방법은 검증된 커리큘럼을 따르는 것입니다. 공교회가 함께 인정하고 고백하는 전통적 신앙고백서와 교리문답서를 따르는 것 말입니다. 제네바 교리교육서, 스코틀랜드 신앙고백서, 벨기에 신앙고백서, 하이델베르크 요리문답, 도르트 신조, 웨스트민스터 신앙고백서 및 대·소요리문답 등을 들 수 있습니다. 그런 것들을 공부하면 이단에 빠질 위험이 없습니다. 그것들은 모두 교회사 가운데 대단히 유명하고 잘 만들어진 것으로 정평이 난 문서들이자 교리교육 교과서들입니다.

Q4 우리 주위에는 교리가 없는데도 믿음이 좋은 사람들이 있습니다. 그런 사람들을 어떻게 보아야 합니까?

A 그에게 교리가 없다고 단정하지 마십시오. 오랜 세월 설교를 들으면서 이미 그 안에 교리가 녹아 있을 수 있습니다. 다시 말해, 교리문답 교육을 해야만 교리를 가르칠 수 있는 것은 아닙니다. 다만 교리문답을 강조하는 것은 교리교육의 효율성을 기하자는 의도입니다.

Q5 전도가 급한 것 아닌가요?

A 전도의 개념을 다시금 정립해야 합니다. 그저 사영리 수준의 내용을 전하는 것으로 전도를 다 끝냈다고 생각해서는 안 됩니다. 세례를 줄 때까지를 전도로 본다면, 교리교육도 전도에 포함된다 할 것입니다.

Q6 저는 감리교회(또는 침례교회, 성결교회) 출신인데 그런 것들을 꼭 배워야 합니까?

A 감리교는 종교개혁의 후예가 아닌가요? 개신교는 모두 종교개혁의 전통을 존중해야 합니다. 신앙고백서와 교리문답서는 사실 개신교 종파가 지금처럼 나누어지기 이전의 산물입니다. 교파마다 다소 차이가 있겠지만, 개신교가 공유하는 전체 정신에 비하면 그 차이는 극미합니다. 하물며 기초 교리를 가르치는 교리문답은 어느 교파에게든 유익합니다.

Q7 교리를 바탕으로 성경을 해석하는 것은 이미 결론을 내려 놓고 성경을 보는 것 아닙니까?

A 물론 그렇게 될 위험도 있습니다. 그러나 그런 위험은 성경을 읽는 순간이나 설교를 하거나 듣는 순간에도 마찬가지로 존재합니다. 교리 없이 그저 순수하게 성경을 읽는다는 것은 애초에 불가능한 일입니다. 우리에게 필요한 것은, 그런 위험을 걱정해 교리를 배제한 채 성경을 보고자 시도하는 것이 아니라, 제대로 된 교리를 배우는 것입니다.

Q8 교리가 성경에서 나왔다면서 교리 없이는 성경을 읽을 수 없다고 말하는 것은 잘 이해되지 않습니다.

A 교리라는 것은 '해석의 틀'입니다. 그러므로 누구에게나 그런 교리가 '이미' 존재하기 마련입니다. 교리를 공부해 본 적이 한 번도 없는 사람이라 하더라도, 성경을 읽는 순간 그는 이미 어떤 생각(그 사람이 가진 성경 해석의 전제, 이것이 바로 교리입니다)을 가지고 성경을 보게 됩니다. 심지어 "나는 교리가 필요 없다고 생각해!"라는 생각도 일종의 '교리'입니다. 교리 없이 성경을 읽는 사람은 사실상 아무도 없습니다.

Q9 그렇다면 결국 교리의 틀로 성경을 본다는 말입니까?

A 그럴 수밖에 없습니다. 그래서 더더욱 제대로 된 교리 공부가 중요

합니다. 교리를 공부한다는 것은, 자기에게 이미 있는 (잘못된) 교리를 전통적이고도 공교회적인 교리로 차츰 바로잡아 간다는 의미입니다. 그것이 교리교육의 목적입니다.

Q10 신자는 성경을 강조해야 하지 않습니까?

A 당연히 교리는 성경 아래에 있습니다. 성경과 다른 소리를 하는 교리는 틀린 것이므로 일고의 가치도 없습니다. 그러나 성경과 교리를 너무 분리해서 생각하는 것도 잘못입니다. 교리는 다름 아니라 '성경'을 말합니다. 서로 다른 것이 아닙니다. 교리를 강조하는 것은 곧 성경을 강조하는 것입니다.

중간 정리 | 성경과 함께하는 교리 공부

교리도 좋지만 성경이 더 중요하다?!

이 말은 정말 옳지만, 한편으로 심각한 오해를 낳을 수 있으므로 다소 바로잡아야 합니다. 우리가 성경에 충실하기 위해서는 성경을 바르게 해석해야 합니다. 그리고 성경을 바르게 해석하기 위해서는 제대로 된 방법이 필요합니다. 그렇다면 어떻게 해야 성경을 바르게 해석할 수 있을까요?

역사 속에서 어떤 사람들은 황당하게도 '성직자'라는 개념을 만들어 그들에게 성경 해석을 '맡기는' 방식을 택하였습니다. 그런 발상 때문에 성경은 정말 오랫동안 라틴어로만 존재해야 했습니다. 그런 발상은 당연히 교권을 지닌 자들의 타락과 교회의 우민화로 이어졌으며, 역사 속에서 치욕스런 폐단을 너무나 많이 낳았습니다.

또 다른 사람들은 인간적인 요소를 모두 걷어내 버리고 '날것 그대로의 성경(nuda Scriptura)'을 보아야 한다고 말합니다. 그러나 그것은 애당초 실현 불가능한 주장입니다. 아무런 선입견 없이 성경을 읽는다는 것은 있을 수 없는, 꿈 같은 일입니다. 대단히 성경 중심적인 태도처럼 보이지만, 실제로는 지극히 신비주의적인 발상입니다. 그것을 '오직 성경(sola Scriptura)'의 경건한 태도로 착각해서는 안 됩니다.

종교개혁은 그와 같이 위험하고도 어리석은 발상들을 거부했습니다. 종교개혁자들은 일단 누구나 성경을 읽을 수 있도록 노력하는 동시에, 성경과 함께 공교회의 결정과 교부들의 가르침, 이성과 과학적 지식까지도 동원하여 성경을 '해석'하도록 했습니다. 그리고 그러한 성경 해석의 결과를 체계적으로 정리하여 공교한 문체의 신앙고백서를 만들었습니다. 이것은 성경의 해석을 도울 뿐만 아니라, 올바른 성경 해석이 따라야 할 '경계선'을 설정해 줍니다. 물론 이것은 성경보다 더 높은 권위를 가지거나 동일한 권위를 가지는 것이 아니며, 성경이 그 모든 것에 대한 최종의 권위를 가집니다. 바로 이것이 종교개혁자들이 철저히 지향하는 일치된 입장이었습니다.

오늘날 많은 사람들은 종교개혁자들의 작업을 은근히, 또는 대놓고 무시하며, 바른 신앙을 위해서는 성경만 보면 충분하다고 말합니다. 그러나 그런 사람들은 자신들이 본의 아니게 교만한 주장을 펼치고 있다는 것을 알아야 합니다. 그런 주장은 '오직 성경(sola Scriptura)'이 아니라 '날것 그대로의 성경(nuda Scriptura)'에 해당합니다. 물론 우리 주위에는 극단적인 형식주의자들과 교조주의자들도 있습니다. 그들이 예의 없고도 극성스럽게 활동하는 탓에 소위 '교리를 강조하는 자들'에 대한 인상이 그리 좋지 않을 수도 있습니다. 그러나 언제 어디서든 극단적인 자들은 논외로 두어야 생각과 삶의 균형을 잡을 수 있습니다. 우리가 성경을 사랑한다는 것은, 저기 놓여 있는 종이로 된 책을 아끼고 사랑한다는 것이 아닙니다. 우리가 성경을 사랑한다는 것은, 성경 말씀을 올바로 해석하고 거기에 즉시, 그리고 신실하게 순종한다는 것입니다.

근거 성경 구절을 활용할 때는 욕심을 부리지 말아야 한다

많은 사람들이 교리를 배울 때 교리만 공부하면 안 되고 그 교리가 나오게 된 근거 성경 구절을 봐야 한다고 말합니다. 성경으로 풀지 않고 교리만 공부하는 것은 잘못되었다고 말합니다. 원리적으로 백 번 천 번 옳은 말입니다. 저 역시 근거 구절에 관심을 쏟고 연구하는 데 지대한 노력을 기울였습니다. 『특강 소요리문답』을 만들 때 근거 구절에 관한 작업에 전체 작업 시간의 절반을 할애했습니다.

그러나 그렇게 말할 때는 정황을 살펴야 합니다. 지금 우리의 형편과 수준이 어떠한지를 냉정하게 인식하고 단계별로 접근해야 합니다. 과연 지금 우리의 한국 교회가, 그리고 가르치는 자나 배우는 자가, 교리를 배우고 거기서 즉시 성경으로 나아가 해당 성경 본문을 해석하고 응용하고 적용할 실력을 얼마나 갖추고 있는지 생각해야 합니다. 그것은 말처럼 쉬운 일이 아닙니다. 그것은 성경 공부의 가장 높은 단계에나 해당하는 일입니다.

교회교육의 현장을 보십시오. 양치기 다윗이 맹수를 무찌르는 장면을 보여 주고는, "우리도 다윗처럼 용맹하게 사자를 무찔러야 합니다······ 여러분도 다윗을 본받아 이번 한 주간 승리하십시오!" 하는 식으로 마치는 설교가 오늘날 이 땅 곳곳에서 선포되고 있습니다. 이것이 우리의 수준이자 현실입니다.

교리교육을 시작하면, 여력이 생기고 성경을 진심으로 사랑하게 될 것입니다. 교리를 배우고 나면, 하나님에 대한 '건전한 궁금증'이 생기고, 그 궁금증이 성경에 대한 '건전한 관심'으로 이어질 것입니다. 교리를 처음부터 체계적으로 배우기 시작한 사람은 올바른 길과 방법론을 추구하게 되고(성경), 전인적인 반응(감사)이 나오게 될 것입니다. 교리문답을 그저 무턱대고 외우는 식의 공부도 문제이지만, 근거 구절 몇 개로 섣불리 성경을 해석하다가 오히려 '교리에 성경을 꿰어 맞추는' 식의 공부가 되는 것도 문제입니다. 서두르지 말고 차근차근 해 나가십시오.

Q11 현재 진행하는 교리교육은 기존의 방법과 어떤 면에서 다릅니까?

A 세 가지로 정리하겠습니다. 제가 강조하는 것은 '소통'입니다. 그것을 위해 몇 가지 원칙을 세워 따르고 있습니다.

첫째, 저는 기존의 교리교육 방식을 중세 로마 가톨릭적이라고 비판합니다. 당시 가톨릭 교육의 특징은 성도들에게 성경을 주지 않고, 사제가 지도하는 것이었습니다. 일반 성도와 성직자의 영역을 나눈 것입니다. 우리는 종교개혁을 통해 그것을 바꾸었지만, 현장에서 이루어지던 교육 방식을 답습하고 말았습니다. 예를 들어, 교사가 해설서를 가지고 있으면서 학생들에게는 보여 주지 않은 채 빈칸을 채워 넣도록 요구하는 것은 중세적인 방법이라고 생각합니다. 그래서 저는 교사와 학생이 같은 책으로 공부할 수 있도록 자습서 형태의 교재를 만들었습니다.

둘째, 교리를 공부한다고 하면 사람들은 어렵고 고리타분하다는 생각부터 합니다. 다들 그렇게 해 왔기 때문입니다. 어려운 신학책의 어려운 개념을 또 다른 어려운 개념으로 설명하는 식입니다. 지금 우리의 형편을 한마디로 표현하면 다음과 같습니다. '19세기의 공부 방식으로 20세기 교사가 21세기 아이들을 가르치고 있다.' 요즘 교회에서 이탈하는 성도들의 연령대는 대부분 30대입니다. 그런데 그들이 다 유원지로 놀러가 버린 것이 아니라, 잘 가르치는 교회로 옮겼다는 사실을 깊이 생각해야 합니다. 그들은 주입식 가르침과 구역 모임 등에서 이루어지는 질 낮은 교육에 자기 인생을 맡기려 하지 않습니다. 이제는 교회가 교육 방식을 고급화해야 합니다. 건강 음료는 유리병에 담지, 종이팩에 담아 팔지 않습니다. 좋은 내용이라고 확신한다면 좋은 그릇에 담아 제공해야 합니다.

Q12 평소에 교리와 삶이 함께 가야 한다고 강조하는데, 두 가지가 서로 어떤 관련이 있습니까?

A 한국 교회는 대체로 구원받고 천국에 가는 것 외에는 관심을 두지 않습니다. 교회에 나와 '사영리 전도' 수준의 아주 기초적인 원리를 배우고 나면, 그다음에는 무엇을 합니까? 이제 구원받았으니 천국에 가면 되는데, 그래서 죽기 전까지 그저 기도하고 찬송 부르고, 시간 나면 교회 봉사도 좀 하고, 전도도 하고……. 그렇게 살다가 가면 된다고 생각합니다. 교회 안에서 최대한 시간을 많이 보내고, 언제나 만족스러운 듯 흐뭇한 표정만 짓고 있으면 신앙이 좋다는 말을 듣습니다. 그리스도인으로서 사회에서 어떻게 살아야 하는지, 삶에 대한 교육은 약합니다. 그래서 한국 교회의 성도들의 1차 목표는 교회에서 우리끼리 큰 문제를 일으키지 않고 살다가 곱게 죽는 것이 되어 버렸습니다. 그러나 교리문답은 삶에 대해 가르치는 데 많은 분량을 할애합니다. 특히 웨스트민스터 대요리문답에는 이 사실이 더욱 분명히 드러납니다. 전체 교리문답의 66%, 즉 3분의 2에 달하는 방대한 분량이 십계명을 해설하는 데 할애되었는데, '성도의 삶'에 대해 매우 자세히, 그리고 비중 있게 다룹니다. 즉, 교리는 삶입니다.

주님은 우리를 혼자 두지 않으셨습니다.
하나님의 말씀을 제대로 가르치고
주의 교훈을 바르게 전하는 형제자매들이,
찾아보면 제법 많습니다.

모든 의문과 두려움을 물리치고,
마침내
당신만의 '가슴 뛰는 교리교육 현장 보고서'를
써 내려가기를 응원합니다.
교회의 머리 되시는 주님이
친히 모든 여정을 도우실 것입니다.

Who, When, Where?
당신이, 지금, 거기에서 시작하세요!

가슴 뛰는 교리교육 현장 보고서

지은이 | 김병두 외
엮은이 | 정 설

펴낸곳 | 지평서원
펴낸이 | 박명규

편 집 | 정 은, 김희정, 정순우
마케팅 | 전두표

펴낸날 | 2015년 6월 20일 초판

서울 강남구 역삼동 684-26 지평빌딩 135-916
☎ 538-9640,1 Fax. 538-9642
등 록 | 1978. 3. 22. 제 1-129

값 12,500원
ISBN 978-89-6497-052-2-03230

메일주소 jipyung@jpbook.kr
홈페이지 www.jpbook.kr
페이스북 www.facebook.com/jipyung
트 위 터 @_jipyung